LA PETITE

PROPRIÉTÉ RURALE

INDIVIDUELLE

L. Colonel GRANDCLÉMENT

LA PETITE

PROPRIÉTÉ RURALE

INDIVIDUELLE

La Propriété par l'Epargne

PARIS

IMPRIMERIE S. MERCADIER

79, Faubourg Poissonnière

1909

—————

MONOGRAPHIE

DE LA PROPRIÉTÉ

LA
PETITE PROPRIÉTÉ RURALE

PREMIÈRE PARTIE

Monographie très succincte de la Propriété

I

Évolution

Proudhon a dit : « *La propriété, c'est le vol.* »

Ce monstrueux blasphème paraîtra peut-être moins énorme, si l'on admet qu'il a voulu parler de la propriété dont l'origine est la violence ou le dol.

Il est inadmissible, en effet, qu'il ait eu la pensée d'appliquer pareille définition à la propriété acquise par l'Épargne, fruit d'un honnête travail.

Autant l'une relève d'une juste critique, autant l'autre reste respectable et inattaquable.

C'est ce qui ressortira clairement de la très rapide étude que nous allons faire, des phases diverses par lesquelles a passé, passe et passera la propriété chez tous les peuples.

Ces phases constituent un cycle parfait qui se referme exactement ; la propriété, comme les civilisations retombant vers ses fins, dans l'état primitif et barbare qui a caractérisé ses origines.

Mentionnons, en quelques lignes, ces diverses phases.

PREMIÈRE PHASE

Autocratie

A l'origine des mondes, dans les temps primitifs, chez les peuples à l'état sauvage, la propriété est détenue par un seul.

Celui-là, c'est le plus fort, il est le maître absolu.

Qu'il soit connu sous le titre de roi, d'empereur, ou tout autre vocable, il résume en lui tous les droits et tous les pouvoirs.

La terre lui appartient, non seulement le sol, mais ses fruits, mais l'habitant qui cultive pour lui. Son droit régalien ne se discute pas ; il embrasse et englobe tout, jusques et y compris la vie et la mort de ses sujets.

C'est l'état sauvage !

C'est le règne de l'autocratie !

C'est l'âge de pierre !

DEUXIÈME PHASE

Féodalité

Vient le moment où l'autocrate, parfois en récompense de services rendus, spécialement de faits d'armes et conquêtes, souvent aussi en rémunération de basses flatteries, gratifie ses compagnons de combat et ses favoris de larges prébendes, sous forme de domaines plus ou moins étendus.

Sur ces fiefs détachés de sa couronne,

il se réserve certains droits, tels que ceux de haute ou de basse justice. Il stipule en outre, à son profit, des servitudes et redevances diverses, spécialement des corvées et des dîmes.

Parfois, il fait au contraire abandon de tous ses droits régaliens, à l'exception de celui de suzeraineté, lequel comporte l'hommage lige et l'obligation d'amener, sur simple avis, sous l'étendard royal, un certain nombre de guerriers, toujours commandés par le feudataire ou grand vassal.

Dans les mêmes conditions et sous des réserves identiques, de grands fiefs ont été détachés des domaines au profit de seigneurs moins importants et aussi du clergé, lequel est souvent, d'ailleurs, directement prébendé par l'autocrate.

Ainsi s'est constituée la grande propriété féodale. Le peuple est attaché à la glèbe, faisant corps avec la terre qui constitue le fief.

C'est l'état barbare !

C'est la féodalité !

C'est l'âge de fer !

TROISIÈME PHASE

Ploutocratie

Entre temps, avec les premiers progrès de la civilisation, le commerce naît et se développe promptement.

C'est l'origine du tiers-état !

Quelques serfs ont su se racheter de la glèbe et se sont fait marchands.

Utilisant habilement les querelles entre rois et seigneurs, ils ont arraché aux uns et aux autres, à prix d'argent, des droits et des privilèges qui leur ont bientôt permis d'amasser une certaine fortune.

L'usure et l'agiotage aidant, ces fortunes grandissent pour devenir colossales ; elles éclipsent et ruinent ce qui reste de la féodalité.

La masse, le quatrième État, ne gagne pas au change ; le règne de l'argent n'est pas un progrès ; sa tyrannie pèse souvent sur le peuple plus impitoyablement que celle de la féodalité.

C'est le régime de la ploutocratie !

C'est l'âge de l'or !

QUATRIÈME PHASE

Propriété individuelle de famille accessible à tous par le travail et l'épargne.

Au cours des phases précédentes, le peuple est resté matière imposable et corvéable à merci.

Dans son esprit, cependant, de grandes idées ont pénétré, de grands principes se sont affirmés.

L'ancien serf attaché à la glèbe, le serf moderne, rivé à la machine ou à l'outil ont compris et proclamé leur droit imprescriptible à la vie. Ils en ont déduit celui tout aussi absolu de travailler pour soi, d'épargner et de posséder.

De là, l'axiome indiscutable et qui n'est plus discuté, de la nécessité de la propriété individuelle de famille, accessible à tous sans distinction.

Cette propriété, de quelque nature qu'elle soit, foncière, industrielle ou commerciale doit suffire, convenablement exploitée, à assurer la vie indépendante à tous sans exception.

Pour atteindre ce but humanitaire, le

premier devoir de la Société est de faciliter l'accès de propriété *minima* à tous
les déshérités qui réclament leur place
au banquet de la vie.

Avec un gouvernement sage et prudent
en même temps qu'équitable, cela peut
s'obtenir sans violence par une évolution
progressive régie par des lois protégeant
l'Épargne et le travail contre eux-mêmes
et contre tous.

Nous disons contre eux-mêmes, parce
qu'il faut compter avec les faiblesses et
les passions natives qui font trop souvent
de l'homme son plus néfaste ennemi.

Tel naît paresseux et vit en prodigue.
Entre ses mains, la famille périclite et
périt ; il faut le protéger contre son vice ;
lui interdire et lui rendre impossible la
dilapidation de la propriété individuelle,
mère nourricière et foyer de la famille.

On arrivera à ce résultat par l'incessibilité du bien familial.

Par contre, tel autre naît travailleur,
économe avec des tendances à l'avarice ;
il exagère l'épargne, il s'impose et impose aux siens les plus dures privations

pour augmenter son bien, sans raison
ni mesure. Heureux ! quand il ne fait
pas appel dans ce but à l'infâme usure,
à l'agio plus immoral encore et à tant
d'autres manœuvres dolosives.

Véritable fléau de l'humanité, il devient dès lors le pire ennemi de la propriété individuelle telle qu'il faut la
comprendre et la constituer dans cette
phase de son évolution.

C'est contre celui-là surtout qu'il faut
édicter de justes lois rendant impossibles
les accaparements, les monopoles, les
spéculations scandaleuses, sur les produits de la terre et du travail et sur l'argent lui-même.

Si notre vingtième siècle réussit, —
chose hélas peu probable, car nous ne
connaissons pas d'exemple de ce succès
dans les civilisations antérieures, — à
poursuivre pacifiquement cette sage évolution, il aura fait entrer l'humanité dans
une ère de paix et de prospérité inconnue
jusqu'à nos jours.

Le peuple, qu'on appelle aujourd'hui
le quatrième État, parviendra à l'indé-

pendance d'une vie aisée dans la propriété familiale *exonérée d'impôts* jusqu'à 12.000 francs de valeur minima, incessible et insaisissable dans les mêmes limites, groupée en syndicats et secondée par des coopératives.

Devenu propriétaire, il cessera de jalouser ce qui subsistera, dans une proportion logique et équitable, de moyennes et de grandes propriétés ; il sera le défenseur convaincu de ces biens, qu'il veut anéantir aujourd'hui, pour le seul motif qu'il en réclame justement sa part.

L'amour du foyer lui rendra plus vif, parce que plus légitime et plus justifié, l'amour de la patrie ; l'impôt foncier, équitablement réparti, l'impôt du sang, égal pour tous, mais mieux compris et plus efficace, lui paraîtront moins lourds.

Membre, suffisamment nanti, de la société, contre laquelle il se rue avec tant d'acharnement, il ne visera plus que sa prospérité dans sa normale évolution.

Verrons-nous se développer cette phase si désirable qui nous conduira enfin à l'état rêvé pour la propriété ? C'est à souhaiter, tout au moins, et tout effort, fait dans ce sens, est à encourager.

A ce titre, la Société d'Épargne des Retraites, par sa capitalisation de l'épargne, et les facilités qu'elle apporte à la constitution de la propriété, par la cession à tempérament de maisons familiales à bon marché, se place au premier rang des promoteurs de ce mouvement si grandement humanitaire.

Nous n'en sommes dans cette voie qu'à de timides essais ; ce mouvement, né en France, s'y développe bien lentement, tandis qu'il fait à l'étranger des pas de géant ; — c'est un fait cependant que ces essais inconnus jusqu'à nous existent et peuvent se développer ; — puissent-ils aboutir théoriquement et pratiquement, à la création définitive de cette propriété individuelle de famille qui sera la plus efficace solution du problème social.

Si cela se réalise, ce sera le régime du droit et de l'équité, d'où naîtra la vraie liberté dans l'indépendance enfin conquise.

Ce serai l'âge de diamant !

CINQUIÈME PHASE

Collectivisme

Si ce rêve de propriété de famille ne se réalise pas, si les efforts tentés dans ce but doivent avorter sans avoir le temps de porter des fruits, nous retomberons dans la cinquième et dernière phase qui clôt le cycle, en se fondant dans la première.

L'échec de la quatrième phase n'étant autre que celui de l'évolution pacifique, nous condamne en effet à la révolution, ce qui veut dire à la violence.

Que cette révolution soit l'œuvre du quatrième Etat révolté et descendu dans la rue, ou celle de l'Etat usurpant le mandat d'amener la propriété au collectivisme, le résultat est le même. C'est la fin de la propriété.

Dans le premier cas, la foule se rue à la destruction et au pillage.

Qui n'a connu ces heures tragiques ?

Le peuple, qui se compose, sauf de rares exceptions, d'êtres de raison, plutôt bons et généreux, groupé en foule, devient, à l'appel néfaste d'un meneur, une brute inconsciente qui ne connaît plus de frein.

Ivre de fureur, altérée de sang, assoiffée de violence, elle répand partout la destruction et le meurtre.

Là, où elle a passé, il ne reste que des ruines fumantes.

Les mines, les usines sont incendiées, les magasins pillés, les maisons dévastées, les champs ravagés.

Derrière elle, tout brûle, tout croule, tout périt.

Alors surgit du sein de cette foule en délire, quand il ne vient pas de l'étranger, l'homme fort de la première phase qui met sa main sur le bien de tous et ramène l'homme à la glèbe.

C'est le retour à l'autocratie.

Dans le second cas, pour être moins brusque et moins violent, le résultat n'est pas moins désastreux.

Sous couleur de communisme et de juste partage de la propriété, les exploiteurs de la chose publique, leurrant le

peuple, si facile à tromper, hélas ! de
mensongères promesses et de décevan-
tes illusions, se hissent au pouvoir, sur
ses épaules, et mettent la main sur la
propriété.

L'industrie, la mine, les chemins de fer,
la terre, tout y passe !

L'homme, dépouillé de cette propriété
individuelle qui le faisait indépendant,
retombe au pire des esclavages entre les
mains de l'Etat, tyran anonyme pire que
l'autocratie.

C'est le retour à l'âge de pierre !

C'est la fin de tout !

Le cycle est fermé !

Pas n'est besoin de faire observer que
ces diverses phases ne se succèdent pas
sans transition, qu'elles se pénètrent au
cours des siècles et que le passage de
l'une à l'autre ne se fait que progressivement avec les progrès de la civilisation.

Pour jeter plus de jour sur cette rapide
monographie, nous allons, très sommaire-

ment, suivre le développement des phases de la propriété chez quelques peuples, notamment la France, où le cycle est déjà avancé, et la Russie, où il est encore presque à ses débuts.

Historique sommaire de la Propriété

La première phase de la propriété, en France, s'étend de l'an 300 avant Jésus-Christ, à l'an 1000 environ ; de l'origine des Gaules à l'avènement de Hugues Capet, fondateur de la dynastie capétienne, la plus longue et la plus glorieuse qu'ait mentionnée l'histoire.

Cette période de treize siècles a vu se dérouler les incessantes querelles des clans Gaulois, les invasions des hordes sauvages se ruant à la conquête de la terre et faisant esclaves les captifs ramassés chez les peuples conquis.

Tout récemment encore, nous avons vu les mêmes faits se reproduire en Afrique, où les roitelets se disputaient le sol et le bétail humain, dont ils faisaient commerce, jusqu'au jour où nous avons aboli l'esclavage.

Dans les Gaules, ce régime, qui sévissait

d'ailleurs aussi dans l'empire romain et tout le monde ancien, s'est maintenu jusqu'à l'adoption du christianisme par Clovis Ier, au ve siècle de notre ère.

Sa fin coïncide avec la domination des Francs Neustriens qui donnent leur nom au pays conquis.

Au siècle suivant, les Austrasiens dépossèdent les Neustriens. Le grand homme de cette dynastie, Charlemagne réunit sous son sceptre la majeure partie de l'Europe connue et se fait sacrer empereur par le Pape Léon III en l'an 800.

Ce qui caractérise l'œuvre de ce grand conquérant, c'est la fusion des éléments sociaux : romain, gaulois et germanique.

A lui remonte le premier établissement des grands domaines nommés fiefs, d'où sortit la féodalité. Ses capitulaires sont la base du régime social du Moyen-Age.

En 877, Charles le Chauve accorde l'hérédité aux fiefs que Charlemagne n'avait concédés qu'à vie, à titre de récompense personnelle et sans survivance.

Dès lors, la féodalité va grandir sans entraves.

Pendant cette longue période, qui comprend l'ère de la domination romaine en Gaule, la culture du sol est rudimentaire.

Au début, le sol gaulois est couvert de marécages et de forêts.

On y élève cependant, en assez grande quantité, du gros bétail, des chevaux, des moutons et des porcs, dont les salaisons s'exportent jusqu'à Rome.

L'agriculture prend son premier essor dans le Midi avec les établissements qu'y créent les Phéniciens et les Carthaginois, et surtout quand les Phocéens fondent Marseille et apportent en Provence la vigne, l'olivier et la culture grecque.

Bientôt, favorisée par les travaux de routes et d'irrigation, qui signalent l'occupation romaine, la culture s'étend et remonte jusqu'à Lyon et Chalon-sur-Saône. Les céréales et autres produits s'exportent jusqu'à Constantinople, devenu le siège de l'empire romain.

L'invasion des barbares arrête cet essor

et, pendant tout le Moyen-Age, l'économie rurale reste négligée. Elle tient cependant une place importante dans les capitulaires de Charlemagne et la loi salique.

Mais que peuvent des édits dans ces temps troublés, où le peuple n'échappe à l'esclavage que pour tomber en servage, est soumis à des taxes, tailles et corvées arbitraires et se voit traîné par son seigneur dans les guerres et querelles incessantes de l'époque ?

Cependant, les règlements forestiers de Charlemagne et de Louis le Débonnaire prescrivent des défrichements et assèchements de marais qui augmentent notablement la surface de la terre arable ; mais le profit n'en revient guère qu'aux moines et barons.

Nous entrons à ce moment dans la deuxième phase : celle de la propriété féodale, qui s'étend de 987 à 1789.

Cette phase commence, nous l'avons dit, à Hugues Capet, le fondateur de cette dynastie qui va faire pendant huit siècles, de la France la reine des nations.

Avant cette époque, il n'y a pas, à proprement parler, de société établie : Germains, Francs, Gaulois, se mêlent confusément aux Romains, sans que leurs lois et coutumes se soient fondues dans un tout homogène.

Avec la féodalité débute le vrai régime franc, qui comporte à sa tête le roi ; au-dessous de lui, ses grands vassaux, égaux entre eux, ce qui les fait appeler Pairs, puis les nobles, titrés ou non, rattachés aux Pairs par le lien de vassalité, les bourgeois, affranchis de la glèbe, les vilains et les paysans, serfs attachés au sol.

La vassalité comporte l'hommage simple ou lige en retour duquel est donné le droit de posséder un fief.

Tout est matière à fief ; non seulement les terres, mais les meubles, les bénéfices, les offices publics et privés, les droits de chasse ou de pêche, les péages, les foires, les fours banaux, etc...

Ducange compte 80 espèces de seigneurs ; nous pouvons les réduire à 5 :

1° Les Pairs ou grands vassaux ;

2° Les nobles titrés avec fiefs à grande mouvance ;

3° Les nobles bannerets portant bannière ;

4° Les fiefs de haubert donnant titre de chevalier ;

5° Les fiefs d'écuyer sans titre.

A côté de cette organisation hiérarchique de la noblesse, les affranchis fondent peu à peu les communes dont nous trouvons le premier exemple au Mans, en 1070, sous Philippe Ier.

L'affranchissement s'obtient à prix d'argent ou pour services rendus ; il est garanti par des chartes émanant tant du roi que des seigneurs, mais il comporte encore de nombreuses redevances et servitudes.

Pour s'en libérer, l'affranchi, secondé par les rois, qui veulent s'en faire un auxiliaire contre les envahissements croissants de la puissance féodale, se forme en corporation, pour la défense de ses biens contre la rapacité du seigneur.

Dans les campagnes, où le maître est

trop près et le serf trop disséminé, ce timide essai de mutualité est vite entravé.

Dans les villes, il réussit mieux. Les bourgeois, artisans ou marchands, rassemblés et bien unis, protégés par l'étroitesse de leurs rues, dans des maisons bien fermées, peuvent se défendre avec succès et conquérir peu à peu quelques éléments de liberté et de sécurité.

On ne saurait s'imaginer ce qu'il a fallu de temps, d'efforts et d'énergie pour atteindre à ce résultat qui nous semblerait aujourd'hui si mesquin.

Pour assurer leur indépendance, les bourgeois se jurent assistance mutuelle, se forment en milice, se nomment des maires et des magistrats, sous la conduite desquels ils organisent la défense de leurs villes.

La commune devient ainsi un corps politique où règne l'égalité, où les droits et les intérêts de chacun importent à tous également.

C'est sur ces bourgeois des communes que nos rois se sont appuyé pour créer l'unité de la France.

Reconnaissons cependant que le servage fut un immense progrès sur l'esclavage ; c'est la moitié du chemin pour atteindre à la liberté moderne.

L'esclavage détruisait la population, le servage féodal l'a vu renaître nombreuse et forte.

Les communes, entre temps, se développent ; Louis VI les protège, l'abbé Suger, ministre de Louis VII, poursuit son œuvre et fait faire de notables progrès à l'émancipation de l'humanité par l'application de la doctrine chrétienne.

De cette époque datent les premières notions d'égalité et de fraternité. Nous les devons à la religion qui proclame qu'aux yeux de Dieu le serf est l'égal du seigneur, la femme l'égale de l'homme et qu'à tous, sans distinction, le royaume du Ciel est ouvert.

Ce ne sont encore là que des mots, mais quelles grandes pensées ils évoquent ! Quelle consolation, quelle force ils apportent au peuple attaché à la glèbe.

A son tour, Saint Louis (Louis IX) fait faire un pas de géant à l'état social.

Il édicte de sages ordonnances contre les guerres privées entre seigneurs et les duels judiciaires; il remplace les cours féodales par des baillis royaux. De là, datent les juges de profession. Ce fut une révolution. Jusque là, il n'y avait d'autre juge que le seigneur et son bon plaisir arbitraire.

Ces nouveaux juges, sous l'inspiration royale, évoquent à la cour du roi la juridiction des cours féodales. Cette cour du roi prend le nom de Parlement et proclame le fameux : *Si veut le Roi, si veut la loi.*

Toutes ces emprises du pouvoir royal sur l'aristocratie sont faites, en réalité, au profit du peuple.

Saint Louis fait grand cas de l'aide et des conseils des bourgeois, il leur donne accès près de lui, leur confie l'élaboration de ses ordonnances, la répartition des tailles et leur concède volontiers des fiefs et des titres. Par contre, tout en favorisant les corporations, il se prononce contre l'indépendance des communes qu'il rattache directement à la couronne dans le but de préparer l'unité nationale dont il est le véritable précurseur.

Par ordonnance royale, il fixe le titre de ses monnaies et leur donne cours forcé dans tout le royaume, ce qui met une fin rapide à la circulation des monnaies seigneuriales trop souvent falsifiées ; il restait, en ce temps, 80 grands vassaux battant monnaie.

Estimant avec raison que la papauté, par ses organes locaux, moines et évêques, se fait envahissante et oppressive, il règle et limite sa puissance par son ordonnance dite : « La pragmatique Sanction », qui interdit la simonie et soumet à l'agrément royal les nominations ecclésiastiques et les levées d'argent du clergé.

Pour parachever son œuvre, il affranchit les serfs de ses domaines, ne voyant en eux, dit-il, que des frères en Jésus-Christ.

En résumé, Saint Louis abaisse la noblesse et le clergé au profit du peuple et de la royauté pour lesquels il a fait plus par ses vertus que ses prédécesseurs par leurs guerres.

Le premier dans le monde, il a donné l'idée d'un pouvoir idéal, et le plus beau des gouvernements.

Sous ses successeurs, cette œuvre magistrale périclite et subit un long temps d'arrêt.

Avec Charles IV finit la race directe des Capets et l'âge héroïque de la féodalité.

Une ère de transition commence avec les Valois, deuxième branche de la dynastie capétienne. Ses débuts se signalent par la guerre de Cent ans contre les Anglais, par de fréquentes révoltes des grands vassaux contre les rois et par de notables empiètements sur le pouvoir royal des membres du Parlement, devenu *Les Etats Généraux.*

Le règne de Charles VII débute mal.

Les Anglais envahissent la France et s'emparent de nos plus belles provinces, Paris compris.

2

L'héroïque épopée de Jeanne d'Arc, qui « boute les Anglais hors du royaume » réveille l'apathie de l'indolent « roi de Bourges », qui dès lors poursuit et termine l'œuvre de Jeanne et rétablit la France dans son intégrité.

Avec son fils Louis XI (1461-1483), qui reprend le programme de Saint Louis et combat ses grands vassaux avec plus de succès que de loyauté, la féodalité se voit bien abaissée.

Pour être juste, il faut admirer la grandeur politique de ce roi, tout en condamnant l'astuce et la perfidie de ses moyens.

En dépit des troubles et des embarras suscités par ses démêlés avec les féodaux, il a su niveler hommes et choses sous son autorité et a fait faire un très sensible progrès à l'unité de pouvoir et de nation d'où est issue la France moderne.

Nous lui devons l'inamovibilité de la magistrature, un Code municipal qui affranchit définitivement les villes de la domination des seigneurs, pour les ratta-

cher au pouvoir central et un nombre
énorme d'édits et d'ordonnances en faveur du commerce et de l'industrie.

Il organise et protege les maîtrises et
les corporations, il encourage les belles
lettres, crée les armées permanentes et
les postes et introduit l'imprimerie en
France.

Il réunit à la couronne la Picardie,
l'Artois, les deux Bourgognes, le Roussil-
lon, la Provence et l'Anjou.

Sous ses successeurs, avec les campagnes d'Italie, les longues guerres de
François Ier contre Charles-Quint, les
troubles et les luttes intestines au cours
des guerres de religion, la grande œuvre
de civilisation et d'unité s'arrête brusquement.

Elle ne reprendra sa marche que sous
Henri IV, premier de la race des Bourbons, troisième branche de la dynastie
capétienne.

Pendant les six siècles qui viennent de
s'écouler, le régime de la propriété n'a
pas fait de grands progrès, sauf dans les
villes.

Ce n'est que de Sully, ministre de Henri IV, que date l'action soutenue et efficace du pouvoir royal sur le régime agricole, d'où naît la véritable propriété rurale.

Au début de son règne, Henri IV, resté si populaire autant par ses défauts bien français que pour ses qualités, eut à reconstituer le royaume, divisé par les guerres civiles de religion. Cette tâche accomplie, il se consacre aux intérêts sociaux, aux mesures d'ordre et de prospérité publique.

C'est à l'agriculture qu'il donne ses premiers soins, comprenant bien qu'elle est la véritable source de la richesse du pays.

Son ministre, Sully, multiplie les ordonnances pour le dessèchement des marais et la conservation des forêts. Il s'attache à la réforme des finances : l'impôt était alors de 50 millions, mais en réalité, le peuple en payait plus de 200, dont les trois quarts restaient aux mains des fermiers, traitants et sous-traitants.

Sully interdit toute perception directe

d'impôts aux seigneurs, casse les baux des fermiers et procède à de nouvelles adjudications, revise les titres de la dette, qui montait alors à 330 millions. Il retire quantité de brevets de noblesse, ce qui augmente le nombre des contribuables ; il soumet à son contrôle le régime financier tout entier et sa sage économie rétablit la prospérité du trésor.

Trop exclusif, Sully a négligé le commerce et l'industrie.

Henri IV, dont les idées sont plus larges, augmente les privilèges des métiers, favorise notre industrie, règle l'intérêt de l'argent, protège le commerce, encourage les exportations.

En dépit de ses bienfaits, il est mort assassiné après avoir consacré sa vie au rétablissement de la paix, à la grandeur de la France, au dehors, à la fusion des partis et à l'unité nationale au dedans.

La propriété, sous son gouvernement, fait de notables progrès. C'est à lui que remontent les premiers établissements de propriété bourgeoise nés du démembrement de la grande propriété féodale.

Nous entrons dans la troisième phase.

Sous Louis XIII, Richelieu poursuit activement le même but, en dépit des difficultés que lui créent la guerre de Trente Ans et les révoltes intérieures des grands seigneurs.

A son tour Louis XIV appelant à la cour ce qui reste de nobles, les amollit peu à peu, les appauvrit par le luxe qu'il les amène à déployer et les conduit ainsi à céder à leurs vassaux des terres affranchies de la glèbe. Ce faisant, il a puissamment contribué au développement de la propriété individuelle. Tout ce qu'il fait en vue de la monarchie absolue, profitera après lui à la cause du peuple, dans un avenir peu éloigné.

Il a mis le sceau à l'œuvre de Saint Louis : « L'État, c'est moi » n'est que la traduction du « Si veut le Roi, si veut la Loi ».

Le mot de Louis XIV n'est pas d'un orgueilleux mais d'un convaincu. Il signifie que le Roi entend rattacher à lui toutes les classes, tous les individus, qu'il ne fait pas de distinction entre ses sujets, nobles, bourgeois ou paysans, qu'il ne veut pas d'intermédiaire entre eux et lui, qu'il les tient tous égaux sous son sceptre.

Il ne faut pas s'y tromper, c'est là un très grand pas vers l'émancipation. vers la liberté, sagement entendue.

C'est la fin de la tyrannie féodale, sur les ruines de laquelle se lève l'unité de la nation.

La Monarchie absolue qu'il incarne passera ; le principe acquis de liberté et d'égalité restera ; — sans l'avoir voulu peut-être, mais non sans l'avoir pressenti, il aura été le précurseur des temps modernes.

Cet état de monarchie absolue est une transition nécessaire entre le passé et l'avenir.

S'il veut d'ailleurs être le premier dans l'Etat, Louis XIV sait faire de la France la première des nations.

Il apporte dans le gouvernement des idées nettes, de la volonté, un esprit ouvert et une grande puissance de travail. Durant cinquante ans, il a travaillé huit heures par jour.

Il sait choisir ses hommes et les employer, ce qui est le plus grand talent d'un Roi.

Il met au-dessus de tout, la gloire et l'intérêt de la nation.

Pour élaborer le régime administratif, il fait appel à Colbert, dont la vaste érudition, le sens droit, le jugement sain faisaient bien l'homme de cette énorme tâche.

Colbert débute par la réforme des finances, retombées dans le désordre depuis Sully.

Sur 344 millions d'impôts, il n'en rentre que 32 au trésor. Colbert établit une chambre de justice pour faire rendre gorge aux traitants, règle les offices de collecteurs et d'intendants provinciaux, asseoit l'impôt d'une manière plus équitable et plus productive.

Il réduit la taille qui ne pèse que sur le peuple et augmente les contributions indirectes qui atteignent toutes les classes.

Il exonère de la taille le père de dix enfants et facilite les mariages précoces en leur concédant des avantages analogues.

Grâce à ces sages mesures, la richesse du pays se développe et les ressources s'accroissent rapidement avec le nombre des contribuables.

A cette époque, la France comptait 20 millions d'habitants, se plaçant ainsi par sa population, comme par sa richesse et sa puissance, bien au-dessus des autres nations.

Sous la puissante impulsion de Colbert, le commerce et l'industrie progressent, de nombreuses compagnies, subventionnées par le roi, créent de florissants établissements coloniaux et développent hardiment la marine marchande que protège une formidable flotte de guerre. L'empire des mers nous fut acquis de ce jour.

Entre temps, Colbert fonde des manufactures, multiplie les métiers, réglemente les corporations et maîtrises qu'il dote d'un code, modèle du genre, comme son code maritime.

Par contre, on peut lui reprocher d'avoir méconnu l'importance de l'agriculture et négligé d'en poursuivre les progrès.

Parallèlement, Louvois réorganise l'armée, perfectionne l'artillerie et les places fortes ; crée de toutes pièces les armées permanentes, les milices, l'uniforme et l'administration militaire.

Il dote le pays du formidable engin de guerre qui vaut à Louis XIV ses succès de politique extérieure.

De cette époque prennent fin les levées de troupes féodales, au roi seul est réservé le droit d'appel aux armes. C'est une importante conquête de plus sur la féodalité, au profit de l'unité nationale.

Le roi ne borne pas là l'œuvre par laquelle il se signale à la postérité.

Les belles-lettres, les sciences et les arts appellent sa sollicitude, il pensionne les poètes, les savants et les artistes ; il crée des académies, l'école de Rome, l'Observatoire, les Invalides, etc.

Nous lui devons cet état de prospérité et de puissance qui fera dire à Frédéric II, quelques années plus tard : « Si j'avais l'honneur d'être roi de France, il ne se tirerait pas un coup de canon en Europe sans ma permission ».

Sous son égide, la propriété poursuit sa marche en avant ; le bourgeois s'enrichit, le paysan accède à la petite propriété.

Sous Louis XV et Louis XVI, la monarchie absolue périclite.

L'Angleterre nous enlève l'empire des mers et la plupart de nos colonies. En 1763, par le traité de Paris, nous perdons les Indes, la Lousiane, le Canada, etc.

A l'intérieur, Voltaire commence la dissolution de l'état social monarchique.

L'école économique de Quesnay, l'école politique de Montesquieu, l'école matérialiste de l'encyclopédie et enfin l'école déiste de Rousseau préparent la Révolution.

En face de cette vaste démolition sociale, Louis XV se désintéresse : « Après moi le déluge ».

Louis XVI, avec les meilleures intentions, perd tout par sa faiblesse, et se laisse déborder d'abord, puis entraîner par le torrent.

Quelques seigneurs, cependant, s'alarment de cet esprit de réforme qui pénètre partout, menace tous et tout ; mais le plus grand nombre, par frivolité, se range aux idées nouvelles, au début, pour les condamner ensuite et émigrer sottement.

La bourgeoisie, oublieuse de ce qu'elle doit à la royauté, réclame sa liberté contre le roi, l'égalité contre les seigneurs, la libre pensée contre le clergé.

Chez le peuple, où les idées philosophiques n'ont pas pénétré, se font jour l'instinct et la soif de l'abolition des privilèges.

Louis XVI, mal inspiré, au lieu de prendre nettement la direction du mouvement révolutionnaire et d'en faire sortir la monarchie constitutionnelle dont il est le plus sincère partisan, rompt avec la tradition de ses ancêtres et cherche un appui dans l'aristocratie et le clergé pour combattre les empiètements du Tiers État.

C'est la condamnation de la royauté ; la révolution l'emporte, et, avec elle, toutes les institutions du passé.

Un moment, cependant, on croit à la réconciliation spontanée de toutes les

classes sous les auspices du roi. Mus par
un grand sentiment de générosité, dans
la nuit du 4 août 1789, les nobles et le
clergé font abandon de tous leurs droits
et privilèges ; l'Assemblée Nationale dé-
crète l'abolition de la féodalité, l'avènement du droit commun, l'égalité de tous
devant la loi, et proclame Louis XVI le
restaurateur de la liberté.

Ce ne fut qu'une lueur dans un ciel
d'orage.

Dès le lendemain, la lutte entre les
classes reprend plus ardente ; le roi n'op-
pose au mouvement que faiblesse et rési-
gnation ; les nobles conspirent et font
appel à l'étranger ; les biens des émigrés
sont confisqués et mis en vente, ainsi que
ceux du clergé qui a refusé le serment.

C'est la fin radicale de la deuxième
phase et de la féodalité. Le troisième et le
quatrième état se disputent ses dépouilles ;
mais le bourgeois plus riche et plus puis-
sant se fait la part du lion ; il ne laisse
au peuple que de maigres rebuts.

De ce jour, date le morcellement de la
terre qui se poursuit actuellement.

L'abolition du droit d'aînesse, le partage égal des patrimoines entre tous les
enfants ont changé radicalement les conditions de la propriété territoriale en la
rendant plus libre et plus accessible.

La Révolution suit son cours ; l'Assemblée s'est déclarée constituante et dé-
pouille peu à peu le roi de toute autorité.

L'Assemblée législative qui lui succède
proclame la République et l'abolition de
la royauté, 21 septembre 1792.

Mais déjà, dans ce nouvel état social,
ont pénétré le désordre et l'anarchie ;
les Girondins, les Jacobins, la plaine et
la montagne se disputent le pouvoir.

Au sein même de l'Assemblée, les
partis se déchirent et se déciment ; en
dehors d'elle les Clubs, la Commune, le
Comité de salut public usurpent tous les
droits et réussissent mal à masquer, sous
les dehors d'un patriotisme affecté, les
vils appétits qui les meuvent.

La Convention a remplacé la Législative : elle ne réussit pas à rétablir un
gouvernement régulier ; le désordre est

partout, la guillotine n'est le plus souvent qu'un instrument de chantage et de rapt, aux mains rapaces des exploiteurs du bien public.

A l'intérieur, c'est le règne de l'anarchie.

A l'extérieur c'est la guerre et l'invasion. La Convention répond à cette agression par la levée en masse et le régime de la terreur.

Avec le Directoire, la réaction se produit, suite inéluctable des excès qui ont lassé la nation.

Conséquence logique de ce mouvement en arrière, le principe de la monarchie absolue reparaît avec le Consulat et l'Empire à peine mitigé par l'institution du Sénat, du Conseil d'Etat et du corps législatif, qui ne sont que des instruments serviles aux mains du dictateur absolu que fut Napoléon.

Comme conquérant, comme législateur, celui-ci dépasse Charlemagne dont il fait revivre la politique dans ses grandes lignes.

Ses armes victorieuses font de la Hollande, de la Westphalie, de l'Espagne, de la haute Italie, de Naples, de véritables grands fiefs de l'Empire.

Il titre son fils roi de Rome.

Sous le vocable de majorats, il reconstitue les anciens domaines féodaux, il s'entoure d'une noblesse nouvelle, avec titres et privilèges ; mais en dépit des apparences, il reste le soldat de la Révolution ; son absolutisme ne peut prévaloir contre l'ordre social qu'ont créé les principes révolutionnaires, lesquels pénètrent, à la suite de ses armées, chez tous les peuples conquis.

L'épopée impériale a fait la France plus grande et plus glorieuse qu'elle ne fut jamais, mais ce ne fut là qu'un fulgurant éclair dans notre histoire.

Napoléon a survécu à son empire éphémère.

Les Bourbons, qui le remplacent, inaugurent le régime de la Monarchie constitutionnelle par l'octroi de la charte.

Avec eux, la diffusion de la propriété, un instant enrayée par l'empereur, reprend peu à peu son cours et nous voyons naître les fortunes mobilières qui vont grandir rapidement.

Le règne des deux derniers Bourbons n'a pas manqué de dignité ; ils ont pansé les plaies de l'invasion et nous leur devons l'Algérie.

A Louis-Philippe Ier, de la branche d'Orléans, qui leur succède, on peut reprocher d'avoir trop aimé la paix. Il a humilié la France devant l'Angleterre ; en revanche, il l'a faite riche et prospère.

Il est évincé par la seconde République, bientôt confisquée par Napoléon III, dont l'esprit chimérique et rêveur, le jugement faux nous mènent au désastre de 1870.

Sa néfaste politique nous vaut l'unité italienne et l'empire allemand qui menacent nos frontières démunies de cette ceinture salutaire d'états tampons, si sagement organisée par la prévoyance de nos rois.

Entre temps, l'évolution de la propriété continue caractérisée par la lutte du peuple contre la bourgeoisie.

Dans l'état actuel de la lutte, entre la troisième phase (Ploutocratie) et la quatrième phase (Propriété individuelle accessible à tous), il y a tendance pour l'une et pour l'autre, faute de vouloir s'entendre et se faire des concessions équitables, à tomber dans la cinquième phase (Collectivisme) qui terminera le litige en en confisquant l'objet.

Cet exposé, trop long peut-être, mais qu'il était difficile de synthétiser davantage, sans cesser d'être clair, nous a donné un aperçu de l'évolution de la propriété en France.

Quelques mots maintenant, de cette même évolution en Russie.

Il n'y a pas cinquante ans que le régime de la propriété est sorti, en ce pays, de la première phase (Autocratie). Jusque là, les fiefs n'étaient concédés par le tsar à la noblesse qu'à titre essentiellement aléatoire.

Ce n'est qu'en 1863, qu'Alexandre II, après abolition du servage dans ses Etats, accorda en compensation à sa noblesse quelques garanties pour la libre possession de ses domaines.

Alexandre III et Nicolas II ont pour-
suivi cette œuvre d'émancipation ; ce
dernier vient d'entrer timidement dans
la voie de la Monarchie constitutionnelle
avec l'institution de la Douma.

Si l'homme est libéré en Russie, la
terre ne l'est pas encore ; sauf quelques
exceptions de propriétés individuelles, le
sol reste à l'état de propriété collectiviste.

Dans les villages russes, le paysan n'a
que l'usage de la terre qui appartient
encore à la commune.

Bien que n'ayant qu'une vague notion
de la propriété, le peuple russe a l'instinct de son droit à y prétendre. Cet instinct dévoyé par les révolutionnaires le
conduit à de véritables jacqueries, au
cours desquels il pille et brûle dans les
campagnes et assassine dans les villes.

Le nihilisme, né d'une civilisation trop
hâtive, mal comprise et mal digérée,
maintient depuis des années la Russie
dans un état de troubles permanents.

Malgré cela, il y a d'immenses ressources dans cette nation encore jeune.

Le tsar, en dépit d'une certaine fai-

blesse de caractère a su se tirer des difficultés que lui ont suscitées des guerres
malheureuses et les incessants complots
de nihilistes. S'il n'est pas assassiné par
ces derniers, ont peut espérer qu'il réus-
sira à assurer le bien de ses sujets, ce qui
est sa grande ambition et son plus cher
désir.

Son ministre actuel, M. Stolipine, est
un homme d'énergie et de volonté qui
inspire une grande confiance.

Entre ses mains, la situation du pays
s'est bien améliorée depuis la dissolution
de la première Douma.

Il a compris que la question la plus importante est la question agraire et, pour
sa solution, il vient d'édicter une loi que,
sans doute, la Douma acceptera.

Cette loi partage la terre de la commune entre les habitants, de sorte que le
paysan deviendra propriétaire en toute
sécurité et d'une façon permanente.

Comme on le voit, c'est l'organisation
de la petite propriété individuelle avec
laquelle on entre presque directement
dans la quatrième phase, sans station

notable dans les deuxième et troisième phases.

La Russie aura accompli en quelques années l'évolution qui a duré dix siècles chez nous.

On a pu croire, il y a quelques temps, quand le mouvement révolutionnaire s'est révélé chez elle, que tout allait sombrer avec lui ; on ne s'était pas rendu compte de la force et de la vitalité de cette race.

Il y a en elle d'immenses ressources grâce auxquelles elle progresse sous tous les rapports. La Douma, devenue institution permanente, sera la soupape de sûreté qui donnera issue aux ferments révolutionnaires. Sous le sage gouvernement constitutionnel, dont le tsar vient de la doter, la Russie marche vers un avenir de calme et de prospérité.

Dans ces conditions, nous verrons peut-être se développer normalement chez elle, la quatrième phase de la propriété, soit le régime de la propriété individuelle accessible à tous, alors que la France aura sombré dans le collectivisme (cinquième phase).

Pour éviter ce désastre, et nous maintenir dans la quatrième phase, dont le développement normal nous conduira à l'état social de nos rêves, « Prospérité par la liberté individuelle », bien des efforts se sont produits.

Il faut citer au premier rang l'œuvre mutualiste poursuivie par la Société d'Épargne des Retraites et sa filiale, la Société Foncière d'Habitation Salubres, Urbaines et Rurales, qui, avec tant d'intelligence et de ténacité, se dévouent à la propagation de la petite propriété de famille.

III

Un peu de statistique à propos de la dépopulation

Strabon, le grand géographe de l'antiquité, mentionne la Gaule comme « le pays sur lequel la Providence s'est plu à réunir ses dons les plus heureux ».

Si l'on s'en rapporte à lui, au premier
le de notre ère, la population gauloise était très considérable.

Ce qui paraît certain, c'est que, jusqu'au siècle dernier, la France fut beaucoup plus peuplée que les nations voisines.

Il faut l'attribuer à son heureuse situation géographique, à son climat tempéré d'une moyenne de 12 degrés, à la merveilleuse fécondité de son sol, qui y font la vie douce et facile.

Quoi qu'il en soit, nous en sommes réduits à de vagues conjectures, quand il s'agit de fixer, même approximativement, le chiffre de la population avant le dix-huitième siècle.

Ce n'est qu'à la fin du règne de Louis XIV que des dénombrements réguliers nous permettent des données à peu près certaines pour la France et quelques autres pays.

Le premier recensement, en 1720, donne pour :

La France : 19.700.000 habitants (premier rang).

L'Angleterre : 6.048.000 habitants.

L'Espagne : 9.000.000 habitants.

Nous n'avons aucune donnée pour les autres nations. On estime que l'Autriche-Hongrie n'atteignait pas, à cette date, le chiffre de 10 millions.

A ce moment, notre population dépasse donc de plus de moitié celle des autres pays.

Le dénombrement de 1820 nous donne :

France : 31.000.000 habitants (premier rang).

Angleterre : 21.000.000 habitants.

Espagne : 11.000.000 habitants.

Prusse : 10.000.000 habitants.

Autriche : 20.000.000 habitants.

Nous sommes encore au premier rang, malgré la formidable saignée que nous ont faite les guerres de la révolution et de l'empire.

Toutefois, notre population ne s'est augmentée que d'un tiers, au cours du siècle, tandis que celle de l'Angleterre a triplé. Il est vrai que l'Espagne, déjà décadente, n'a vu croître la sienne que d'un cinquième.

Le recensement de 1902 donne :

Russie d'Europe, 112.000.000 habitants, 21 par kilomètre carré.

Allemagne : 56.365.000 habitants, 104 par kilomètre carré.

Japon : 47.500.000 habitants, 113 par kilomètre carré.

Autriche : 47.100.000 habitants, 70 par kilomètre carré.

Angleterre : 41.840.000 habitants, 133 par kilomètre carré.

France : 38.962.000 habitants, 72 par kilomètre carré.

Espagne : 18.200.000 habitants, 37 par kilomètre carré.

La situation a bien changé. En moins
d'un siècle, nous sommes tombés du premier au septième rang. Il n'y a plus que
l'Espagne au-dessous de nous.

En 1906 l'écart augmente :

Allemagne : 60.000.000 habitants pour
540.594 kilomètres carrés.

Angleterre : 44.000.000 habitants pour
314.628 kilomètres carrés.

France : 39.100.000 habitants pour
536.408 kilomètres carrés.

Cela donne :

Pour l'Allemagne : 111 habitants par
kilomètre carré.

Pour l'Angleterre : 139 habitants par
kilomètre carré.

Pour la France : 72,5 habitants par
kilomètre carré.

Si donc, nous représentons par un la
densité de notre population, celle de l'Angleterre sera 1,9 et celle de l'Allemagne
de 1,5 ; soit près du double pour la première et moitié en plus pour la seconde.

Si nous rapprochons ces chiffres, trop
éloquents, de ceux du premier recensement connu, ils nous donneront à réflé-

chir puisque alors la population française était à celle de l'Angleterre comme 3 est à 1 et que la Prusse n'était encore qu'un petit duché, lequel ne fut reconnu royaume que par le traité d'Utrecht en 1713.

Quelle chute en moins de deux siècles !

Comment, avec un sol incomparablement plus fertile, avec un climat plus sain, en sommes-nous venus là ?

Les causes morales et politiques de cette décadence sont si connues, elles sont si souvent étudiées sous toutes leurs faces, dans le journal et dans le livre qu'il serait bien inutile d'y revenir ici ; cela, d'ailleurs, sortirait du cadre de cette étude.

Il nous paraît préférable de joindre nos efforts pratiques eux efforts théoriques de ceux qui, à l'exemple du distingué M. Piot, essayent de combattre la dépopulation.

Reconnaissons cependant que ces efforts restent vains et n'empêchent pas la natalité de décroître progressivement, avec une navrante rapidité.

Jusqu'à ce jour, le nombre des naissances excédait encore un peu celui des décès, quoique cet excédent aille en décroissant puisqu'il est tombé de 84.000 en 1902 à 57.000 en 1904 et à 27.000 en 1906.

Mais voici que, pour la première fois, en 1907, le chiffre des décès surpasse de 20.000 celui des naissances.

Le mot dépopulation, pris jusqu'à présent, dans un sens figuré, doit l'être désormais dans un sens absolu.

Non seulement la population cesse de croître, elle décroît ; c'est le déclin de la race ; ce sera sa fin si nous ne réagissons pas énergiquement.

Ne voyons pas un palliatif dans les naturalisations que nous accordons si légèrement en beaucoup trop grand nombre, elles ne font que vicier le sang de la race et l'appauvrir.

Dans la même année 1907, l'Allemagne enregistre, chiffre inconnu précédemment, un excédent de naissances sur les décès de 910.275. Pendant que nous perdons 20.000 habitants, elle en gagne 910.000 ; écart, à son actif, 930.000 habitants par an.

Pour peu que cet écart se continue, dans les mêmes proportions, en dix-sept années, la population allemande sera double de la nôtre. Que sera-ce s'il augmente, ce qui n'est que trop probable !

Et, cependant, si l'on compare les capacités nutritives du sol, dans les deux pays, à peu de chose près égaux en superficie, il est acquis que la terre française pourrait nourrir deux fois plus d'habitants que la terre allemande.

Qu'on ne nous accuse ni d'exagération, ni de pessimisme, les chiffres que nous citons sont tirés de l'*Officiel*.

Quel est donc l'Allemand qui a dit :

« Les temps ne sont pas éloignés où les « cinq fils de la famille allemande auront « raison du fils unique de la famille fran- « çaise. »

Cela n'est que trop évident, et quand ces temps-là viendront, le trop-plein de la Germanie s'écoulera fatalement sur la Gaule.

Est-ce donc à dire qu'il ne nous reste plus, comme l'écrivait Drumont, il y a quelques jours, « qu'à nous étendre mol-

« lement, à l'instar des Romains, sur un
« lit de roses, pour y attendre la mort,
« dans une agonie douce et joyeuse » ?

Nous ne le pensons pas.

La France a subi de plus fortes crises
et s'en est toujours relevée. Nous avons
confiance qu'elle s'éveillera du sommeil
morbide dans lequel elle menace de
sombrer.

Pour cela, cependant, la réforme législative que nous aurons à étudier dans un
autre chapitre, ne suffira pas. Il faudra y
joindre la réforme morale sans laquelle
nous ne retrouverons pas la force, la vitalité et ce grand instinct de conservation
et de reproduction de la race que nous
avons perdus.

La densité de la population est, en
effet, le critérium de la puissance et de la
richesse des peuples puisqu'elle fait le
contribuable et le soldat.

En 1950, si les choses restent en l'état,
la population de l'Allemagne sera plus du
double de la nôtre ; en l'an 2000 elle sera
le triple ; sans guerres, sans conquêtes,
du seul fait de la décroissance de notre

population, décimée par le Malthusianisme.

Si nous insistons sur ce parallèle, si nous répétons ces chiffres désastreux, c'est qu'il importe de frapper énergiquement les esprits, d'ouvrir violemment les yeux à la réalité, de prouver en un mot, qu'il s'agit pour la France « d'être ou de ne plus être ».

Tout le monde sait que le grand mal vient de la désertion des campagnes ; nous devrions donc tout faire pour arrêter cet exode, ne rien épargner pour attacher le paysan à son champ. Or, non seulement nous ne faisons rien pour cela, mais il semble qu'on se plaise à exaspérer cette fuite enragée vers les villes.

La loi militaire est, à cet égard, un merveilleux outil de destruction. Ses promoteurs ont eu la prétention de moraliser la nation par l'armée ; s'ils sont de bonne foi, ils reconnaîtront leur lamentable échec, car le contraire s'est produit et ils n'ont abouti qu'à la double destruction de l'esprit militaire et de l'esprit campagnard.

Nous aurons à en reparler.

Pour le moment, revenons à l'émigration du paysan vers les grands centres.

Jadis, nos familles rurales étaient nombreuses ; il n'était pas rare de trouver huit à dix enfants sous le même toit et nous avons, plus d'une fois, vu trois générations travailler ensemble dans un champ.

A cette époque, les enfants nombreux étaient la richesse de l'agriculteur.

Aujourd'hui, l'esprit de famille s'est perdu ; aux champs, comme à la ville. on calcule le nombre d'enfants.

Ce qui faisait la richesse des pères est devenu la misère des fils.

Avec l'ambition des gros salaires, sévit dans nos campagnes celle plus funeste encore des emplois que notre régime actuel a le tort de trop multiplier ; de trois cent mille avant 1870, les voici portés à huit cent mille et cela augmente chaque jour, (913 mille aujourd'hui).

Si cela continue, le nombre des fonctionnaires égalera bientôt celui des travailleurs et la moitié de la France peinera pour nourrir l'autre moitié.

Le soldat qui quitte le régiment, le jeune homme, muni d'un brevet élémentaire, regardent comme au-dessous d'eux le travail des champs.

C'est pure aberration de voir dans la culture un métier d'ignorant quand c'est peut-être un de ceux qui exigeraient le plus de science acquise.

C'est pure aberration chez le père de suer sang et eau, de compromettre son patrimoine, pour faire de son fils un bourgeois, surtout un fonctionnaire, ce qui est la suprême ambition.

C'est pure aberration chez le fils d'abandonner la vie large et indépendante du foyer paternel, pour la vie besoigneuse de l'employé avec ses servitudes et ses misères latentes.

Cette aberration se double d'inconscience chez le pauvre diable qu'attire à la ville le mirage des hauts salaires.

Dans les villes, à part l'ouvrier d'art qui peut gagner de douze à quinze francs, et l'ouvrier d'état de six à huit, toute l'immense masse des manœuvres n'est payé que cinq francs, juste de quoi faire face au logement fétide et malsain, à la nourriture insuffisante et frelatée.

Vienne la maladie ou le chomage, c'est l'hôpital ou la faim ; la faim si rare à la campagne, si fréquente dans les grands centres.

On va objecter les secours délivrés par l'Assistance publique. Ces secours sont bien insuffisants ; nul ne vit réellement de l'Assistance, sauf ses employés. Mais ce n'est pas chez elle qu'on peut le mieux se rendre compte de la noire misère des ouvriers et des petits employés; si l'on veut s'en faire une idée exacte et juste, il faut l'étudier dans les hospices et mieux encore au mont-de-piété.

Les considérations qui précèdent suffiront à expliquer la grande névrose qui dépeuple nos champs.

Cette névrose à son tour expliquera comment 62.225 kilomètres carrés de notre sol arable restent en friche.

D'autre part, la terre, quand nous la cultivons, est si mal travaillée chez nous qu'elle ne produit qu'une moyenne de 15 hectolitres de céréales à l'hectare alors que nos voisins en tirent de 20 à 32.

Aussi notre production agricole baisse tous les jours : notre exportation de denrées alimentaires, autrefois si considérable, en Angleterre, diminue si rapidement qu'elle y est devenue inférieure à celle du Danemark.

Comme si cela ne suffisait pas, nous sommes arrivés à falsifier nos produits, si recherchés jadis pour leur pureté et leurs qualités supérieures.

C'est le dernier coup porté à notre exportation.

Au point de vue financier, il semble aussi qu'on se plaise à dégoûter le paysan de la terre puisque nous l'accablons de charges intolérables.

Le contribuable français paie 100 francs par tête, en chiffres ronds, 4 milliards pour 40.000.000 d'habitants, soit à peu près 30 francs de plus que le plus imposé des peuples, après nous. C'est un lourd fardeau dont l'agriculteur porte la plus grosse part puisqu'il paie plus de 140 francs par tête.

Avant de rien rapporter à celui qui la cultive la terre est grevée de 41 % de son produit brut alors que la propriété mobilière ne paie que 7,59 %, soit cinq fois moins.

C'est folie de pressurer ainsi l'agriculture qui est notre principale richesse.

« Labourage et pastourage sont les deux mamelles de la France », a dit Sully.

Ce mot reste vrai aujourd'hui comme alors.

Le développement du commerce et de l'industrie ne l'infirme nullement.

En France, il est vrai, la petite bourgeoisie est commerçante de sa nature ; comme elle joint à cette qualité une très rare faculté d'épargne, elle a trouvé longtemps dans l'exercice du commerce, une heureuse prospérité qui a fort contribué à la richesse du pays.

Depuis cinquante ans environ, le développemer des grands magasins a ruiné l'ancien détaillant qui disparaît

peu à peu, réduit à se faire le pour-
voyeur en sous-ordre de ces léviathans
qui absorbent et monopolisent les affaires.

La race se perd avec eux de ces
petits marchands qui travaillent, 20, 25
et 30 ans à se faire une petite fortune
de trois à cinq mille francs de rente
qu'ils venaient manger aux champs. Il
faut le regretter pour la richesse et la
prospérité de la nation qui sont sorties
de ces bas de laine.

C'est à eux, à ce qu'il en reste, que
nous devons encore aujourd'hui notre
dernière supériorité, celle de la richesse
publique.

Cette dernière suprématie, qui, finan-
cièrement, nous maintient au premier
rang des nations, s'est affirmée une fois
de plus lors du grand krach américain,
l'an dernier.

On a calculé à ce moment que sur
les vingt milliards de monnaie en circulation dans le monde, la France en
détient environ six, dont trois dans les
caves de la Banque et trois entre les

mains des particuliers. Précédemment
on a eu la preuve de cette supériorité
financière, quand, dans les moments de
crise, la Banque d'Angleterre a dû demander aide à la Banque de France.

Enfin, ce qui l'affirme tous les jours,
c'est la part prépondérante que prend
l'épargne française dans les emprunts
étrangers.

Si nous passons à l'industrie, nous
devrons reconnaître qu'elle nous a moins
réussi que le commerce et semble moins
convenir à nos facultés. Cela tient sans
doute à ce que notre sol, essentiellement agricole, produisant relativement
peu de minerai et de houille, nos indus-
triels doivent faire venir du dehors les
matières premières qu'ils emploient.

La main d'œuvre étant d'ailleurs plus
coûteuse chez nous, on comprend que
nos usines et manufactures ne peuvent
lutter avantageusement avec la production étrangère.

Longtemps cependant, elles se sont
imposées par la supériorité artistique
de leurs produits, qui leur assurait un

écoulement de faveur en dépit de leur prix de revient plus élevé.

Mais depuis plus de trente ans, l'Allemagne a remporté, de ce chef, sur nous une victoire économique plus désastreuse que nos revers militaires de 1870.

Elle a su nous subtiliser nos procédés, et les a si bien truqués, qu'elle a pu les démonétiser sur tous les marchés et y substituer les siens.

Il faut avouer qu'elle entend mieux que nous la pratique de l'exportation.

Pendant que, confiants dans la renommée de nos produits, nous attendons sur place le client exotique, elle va le solliciter à domicile et ne se gêne pas pour présenter souvent ses produits sous « marque française » ce à quoi se prêtent volontiers, chez nous, des gens peu scrupuleux. Nous voulons parler de ces cosmopolites, plus ou moins naturalisés, venus des quatre points cardinaux, vers ce bienheureux pays où il fait si bon vivre et où l'indigène se laisse tondre et exploiter si bénévolement.

N'insistons pas davantage sur ces questions économiques qui se rattachent pourtant de si près à notre sujet, mais qu'on ne peut que signaler dans une monographie.

Constatons cependant que ces désastres économiques ont entraîné la ruine de notre marine marchande, et, comme conséquence, celle de notre marine de guerre.

C'est à ce point que le pavillon français se fait de plus en plus rare, sur les mers, où il fut roi si longtemps, et jusque dans nos colonies où nos couleurs se noient sous la masse des pavillons étrangers.

Est-ce à dire qu'à cette triste situation, il n'y a pas de remèdes ?

Non ! Certes !

Contre ces maux, comme contre la dépopulation, qui est le plus grave de tous, nous pouvons réagir par un énergique retour à la terre, dont le contact nous rendra, comme à Antée, des forces nouvelles.

Les voies et moyens de repopulation nous semblent être du domaine de la morale pure et ne seraient pas à leur place dans cette étude qui ne doit pas sortir de la question d'économie politique; nous passons donc sans plus tarder au côté financier dans le chapître suivant.

IV

Réforme Fiscale — Péréquation de l'Impôt

Nous allons désormais serrer notre sujet de plus près en abordant l'étude de la propriété individuelle au point de vue spécial du petit bien de famille rural ou suburbain qui en est le principal objet.

Dans ce chapitre, nous nous proposons d'étudier cette petite propriété individuelle dans les conditions de superficie, valeur vénale et rendement qui la rendent susceptible de bénéficier des immunités, dont nous avons déjà parlé, exonération d'impôts, incessibilité et insaisissabilité.

Pour bien établir dans quelles proportions nous pourrons en étendre la quantité sans nuire aux impérieuses nécessités budgétaires et sans troubler notre économie sociale, il faut de toute nécessité nous rendre compte des besoins du fisc et les rapprocher de nos ressources de toute nature, et spécialement de' notre revenu foncier.

Notre budget de 1908 se solde par le chiffre de 3 milliards 909 millions 460 mille 516 francs.

Autant dire quatre milliards, qui seront même dépassés, avec les imprévus. ·

Voici comment se décompose ce formidable total dans le Rapport au Sénat de l'honorable M. Raymond Poincaré, petit volume de 637 pages, où l'on trouve le détail des recettes dont nous n'indiquons ici que les grandes lignes :

1º Impôts et revenus Fr. 2.741.345.416

2º Monopoles de l'Etat. 882.510.290

3º Produits des domaines de l'Etat. 59.106.882

4º Produits divers du budget 73.100.885

5º Ressources exceptionnelles 56.500.000

6º Recettes d'ordre . . . 96.897.043

Total . . . . Fr. 3.909.460.516

Le titre « 1° Impôts et revenus » peut se diviser lui-même comme suit :

Contributions

1° Directes :

Taxes foncières et assimilées sur propriétés bâties ou non bâties. Fr.   561.655.716

Enregistrement 613.217.900

Timbre 210.619.700

Taxes sur valeurs mobilières 105.337.200

Ensemble . . . . . Fr. 1.490.830.516

(En chiffres ronds 1.500.000.000 fr.)

2° Indirectes :

Douanes, sucres, etc. . Fr. 1.250.514.900

Il y a lieu d'y joindre le produit des monopoles, véritables contributions indirectes 882.510.290

Ensemble . . . . . . Fr. 2.133.025.190

De l'examen de ces chiffres officiels, que nous arrondissons, pour plus de clarté, il ressort :

1° La propriété mobilière, au moins égale à la propriété immobilière, ne paye que 105 millions, soit plus de 5 fois moins que l'autre qui est grevée de 560 millions ; cela nous donne à peu près la proportion de 41 % à 8,20 % généralement admise ;

2° Sous une forme ou sous une autre, le contribuable paye 4 milliards (chiffre rond).

Nous pouvons répartir cette énorme charge annuelle en deux parties : la contribution directe qui l'atteint dans sa propriété quelle qu'elle soit, et la taxe indirecte qui le touche dans son alimentation et son entretien.

De cette dernière, nous n'aurons pas à nous occuper, puisqu'elle grève à peu près également tous les contribuables ; à elle seule, elle nous fournit un peu plus de moitié des recettes : deux milliards 133 millions, auxquels il y a lieu d'ajouter, les 280 millions de recettes directes, 3,

4, 5 et 6. Ensemble 2.400.000.000 francs (chiffres ronds).

Il reste 1.600.000.000 francs à la charge de la fortune mobilière et immobilière. La première ne payant que 100 millions, la seconde se trouverait grevée de 1.500.000.000 francs. Mais il faut admettre que ces 100 millions ne représentent que la taxe de 4 % sur les valeurs mobilières, et que celles-ci, pour droits de mutation, transfert et succession entrent dans le timbre et l'enregistrement pour une valeur qu'on peut estimer au 1/3, soit 250 millions. La charge réelle de la première sera donc de 350 millions et celle de la seconde de 1.250.000.000 francs.

Quelles sont nos ressources pour faire face aux charges que nous venons d'énumérer ?

On estime généralement notre fortune publique à 212 milliards (200 milliards chiffre rond), 100 milliards de propriété immobilière et 100 milliards de propriété mobilière.

Pour faire face à une charge fiscale de 1.600.000.000 francs (voir ci-dessus), logi-

quement, chacune d'elles devrait payer
800 millions. Or, nous venons de voir que
la seconde ne paye que 350 millions ;
tout le monde est cependant d'accord
pour admettre que son chiffre est au
moins égal, sinon supérieur, à celui de la
première ; on peut très vaguement s'en
rendre compte si l'on admet les estima-
tions suivantes :

1° Fonds de roulement de l'exploitation terrienne estimé à 125 francs de
l'hectare ; pour 50 millions d'hectares :
6 milliards (chiffre rond) ;

2° Titres de notre dette nationale, dont
nous sommes à peu près en totalité por-
teurs : 40 milliards ;

3° Fonds étrangers que nous avons
en Portefeuille, au moins 25 milliards
(12 milliards, rien qu'en Russie) ;

4° Nos valeurs minières, industrielles,
de chemin de fer, etc... etc... pour le
complément de 29 milliards . Total, 100
milliards.

Ces chiffres n'ont rien d'exagéré et
restent plutôt en dessous de la vérité.

L'établissement de la fortune immobilière est plus facile et sera plus exact.

La superficie de notre sol est de 530 millions de kilomètres carrés, soit 53 millions d'hectares. Déduisons 3 millions d'hectares pour glaciers et terres incultes, non amendables, ce qui est bien loin des 62.225 kilomètres carrés, soit 6 millions d'hectares actuellement en friche, il nous reste 50 millions d'hectares qui peuvent se répartir en :

	Millions d'hectares
Grandes propriétés	12
Moyennes.	15
Petites	13
Propriétés bâties	10
Total	50

Il est bon après cette division en surface de donner aussi la répartition en cultures ; on peut l'estimer comme suit :

	Millions d'hectares
Petites cultures à bras par la famille seule	8
A reporter. . . .	8

Report 8

Moyennes cultures avec fermiers ou ouvriers 18

Grandes cultures 6

Bois et forêts. 8

Propriétés bâties 10

Total 50

On admet encore cette autre répartition :

	Millions d'hectares
Fermages à prix d'argent . .	9
Fermages à moitié fruit . . .	15
Cultures par les propriétaires seuls	8
Bois et forêts	8
Propriétés bâties	10
Total	50

Du rapprochement de ces chiffres, nous
pouvons conclure que la petite culture
par la famille seule peut s'estimer à
8 millions d'hectares.

A raison de deux habitants à l'hectare, c'est le moins qu'elle puisse nourrir, quelle que soit la culture employée,

çela fait 16 millions d'habitants, répar-
tis en trois millions et demi de familles
pauvres, auxquelles s'appliqueront les
immunités dont nous avons parlé, lesquelles exonéreront une fraction du territoire du 1/6 à peine (1/5 de la terre
arable).

Avant d'y revenir, il faut nous rendre
compte du revenu brut de la propriété
immobilière. Ce chiffre nous est nécessaire pour répartir équitablement l'impôt qui la grève.

Nous venons de voir que, défalcation
faite de la propriété bâtie, il nous reste
40 millions d'hectares de terre arable
soit 1 hectare par habitant ; ce chiffre
et cette proportion sont généralement
admis sans discussion.

L'hectare d'une valeur moyenne de
1.250 francs donne un rapport ou produit brut moyen de 150 francs et sa mise
en valeur exige un fonds de roulement
moyen de 125 francs.

Ces chiffres ne sont que des moyennes ; l'hectare, dans les régions très fer-
tiles, vaut en effet jusqu'à 6.000 francs

(0 fr. 60 le mètre carré) et dans les régions les plus pauvres, son prix descend jusqu'à 50 francs (0,005 le mètre carré), hâtons-nous de dire que ces terrains ingrats sont susceptibles d'amendement avec une meilleure culture, de même d'ailleurs que tout notre sol arable dont la production se doublera et au-delà quand nous le voudrons bien ; nous avons en effet dit plus haut que nous ne produisons qu'une moyenne de 15 hectolitres de céréales à l'hectare, alors que des pays, où le sol est moins fertile en obtiennent 20, 25 et même 30 hectolitres. N'oublions pas non plus que certains terrains suburbains traités en culture maraîchère, valent jusqu'à 10.000 francs l'hectare (1 franc du mètre carré) quand ce n'est pas plus.

Les moyennes que nous venons d'adopter n'ont donc rien d'exagéré.

Dans ces conditions, la terre arable peut se diviser comme suit en tant que rapport ou produit et revenu brut :

16 millions d'hectares de
    culture rapportent . . 3.600.000.000

16 millions d'hectares de
pâturage rapportent. . 1.200.000.000
Les produits de l'élevage
et du bétail rapportent 1.000.000.000
8 millions d'hectares de
bois rapportent. . `. . 200.000.000

40 millions d'hectares ensemble rapportent . . 6.000.000.000

Le budget de 1908 ne fait état que de 32 millions pour le produit des bois et forêts, mais ce produit est net, alors que nous tablons sur le produit brut, beaucoup plus élevé ; en outre, nous prenons le total des bois et forêts, compris ceux des communes et des particuliers, en plus de ceux de l'Etat.

Les évaluations ci-dessus restent plutôt en dessous de la valeur réelle des produits agricoles que certains économistes portent à 7 milliards et au-dessus.

Dans les mêmes conditions, nous pouvons admettre 3 milliards pour produit brut de la propriété bâtie.

L'ensemble nous donne un revenu brut de 9 milliards pour la propriété immobilière, soit 9 % du capital de 100 milliards.

Ce capital lui-même peut se répartir en 47 milliards de propriété bâtie et 53 milliards de propriété non bâtie, puisque le budget les taxe réciproquement à 94 millions et 106 millions.

En ajoutant les 100 milliards de propriété mobilière, nous retombons sur le total de 200 milliards, base de nos calculs. Cela fait 5.000 francs de capital par habitant, somme un peu supérieure à l'évaluation générale (qui ne fait pas état des capitaux mobiliers dissimulés) et un revenu brut total de 18 milliards, soit 450 francs par habitant.

Sur ce revenu brut de 18 milliards, le fisc en prélève 4 (exactement 3 milliards 600.000.000 francs) ; il en reste donc 14 au propriétaire. Cela réduit son revenu à 350 francs par habitant et porte sa charge d'impôts à 100 francs, ce qui est bien la proportion initiale : 4 milliards d'impôts pour 40 millions d'habitants.

D'autre part sur les 4 milliards d'impôts, les contributions indirectes payant

2 milliards 400 millions, y compris les recettes directes du budget, il reste 1.600.000.000 francs à la charge des contributions directes, comme nous l'avons vu plus haut.

Sur ce chiffre, la propriété mobilière ne payant que 350 millions, la propriété immobilière reste grevée de 1.250 millions, soit, pour 50 hectares, 25 francs à l'hectare au lieu de 17 francs qu'elle devrait payer si la propriété mobilière prenait équitablement sa part de l'impôt.

Si des 150 francs de revenu brut moyen à l'hectare, nous déduisons : 1° L'intérêt à 4 % du fonds de roulement d'exploitation, estimé 125 francs, soit 5 francs ; 2° 40 francs de frais de culture, (c'est le chiffre fixé par l'administration de l'Etat, beaucoup d'économistes l'estiment plus élevé) ; 3° Les 25 francs d'impôts ; il ne reste au cultivateur que 80 francs à l'hectare pour sa nourriture et son entretien, ce qui est tout à fait insuffisant.

Il est donc urgent de dégrever la terre et de demander à la propriété mobilière sa part des charges fiscales. C'est aux économistes qu'il appartient d'en trouver les moyens et à l'Administration de les mettre en pratique.

Mais, pour atteindre notre but, qui est d'exonérer d'impôts le petit bien de famille, il ne suffit pas de dégrever la propriété de l'excédent non justifié que nous venons de signaler, il faut encore que cette taxe réduite soit appliquée *progressivement* à la valeur de la propriété.

Avant d'en étudier le moyen, nous devons faire observer que ce petit bien de famille doit être non seulement affranchi de toute taxe, mais encore reconnu et garanti incessible et insaisissable par la loi.

On nous objectera que c'est rétablir par en bas, les majorats que l'on a eu raison de supprimer par en haut. Cela est juste et logique. La société ne doit à personne le luxe et le superflu, elle doit à tous le *vivre* et le couvert minima.

On l'a compris en exonérant d'impôts à Paris, les petis loyers de 500 francs et

au-dessous; le corollaire obligé de cette
sage mesure de solidarité est d'affranchir, pour les mêmes raisons, le bien de
famille rural, correspondant aux dits
loyers, soit d'une valeur de douze mille
francs et au-dessous.

D'autre part, le foyer familial, une fois
conquis, doit rester incessible, et insaisissable pour ne pas laisser éphémère et
stérile l'effort qui l'a édifié.

Confucius l'a compris, il y a plus de
deux mille ans, en décrétant ces immunités dans son code rural chinois.

Pour les assurer chez nous, il faut que
la loi qui exonèrera la petite propriété
de famille d'impôts directs et de droits
de mutation, en cas de décès seulement,
stipule aussi qu'elle ne pourra servir de
gage à un emprunt, encore moins être
saisie et qu'elle règle les conditions et le
temps de son indivision au décès du père.
Le mieux sera alors de l'attribuer, de
droit, au nouveau chef de famille, sous
condition de désintéresser ses co-héri-
tiers, comme cela se fait en Angleterre.

Enfin ce foyer familial doit être incessible ; il importe d'assurer sa sécurité, de le protéger contre la rapacité d'autrui et contre la faiblesse ou la prodigalité possible du chef de famille. Il doit se transmettre de père en fils, et rester inaliénable aussi longtemps que dure la famille. Le chef en a la garde, mais n'en peut disposer ; il l'a reçu de son père, il le doit à son fils. Il est urgent de le sauvegarder contre les emprunts, les hypothèques, les intérêts à payer, les lettres de change qui sont la ruine du laboureur, de l'ouvrier et du petit employé.

Stipulons toutefois expressément que ces immunités ne s'appliquant qu'au seul foyer de famille, de 12.000 francs et au-dessous, deviennent caduques quand ce foyer tombe aux mains d'un célibataire ou d'un ménage sans enfants. De même le chef de famille restera libre de disposer de tout ce qu'il pourra ajouter au bien familial par son travail et son industrie, même par dons ou héritages.

Par contre, tous ces biens en excédant ne pourront à aucun titre bénéficier des immunités ci-dessus ; toutefois, il sera bon d'exonérer la propriété quelle qu'elle soit, de 1/10 par enfant, de sorte qu'une famille de plus de 10 enfants soit, totalement affranchie de contribution directe jusqu'à un minimum de fortune qu'on pourrait fixer à 500.000 francs.

Nous n'avons pas besoin d'insister sur l'efficacité de ces dispositions pour le repeuplement des campagnes. En somme, elle ne font qu'étendre au foyer l'immunité qui protège actuellement le lit familial.

C'est une œuvre juste autant que nécessaire, c'est de la vraie solidarité.

Le bien de famille de 12.000 francs et au-dessous peut se décomposer en 2 hectares de terre à 1.250 francs.

(moyenne)	2.500
Habitation hygiénique et suffisante	7.000
Bétail, meubles et instruments aratoires	2.250
Fonds de roulement d'exploitation	250
Ensemble	12.000

Nous savons que la moyenne de 2 hectares pourra varier dans de notables proportions, suivant la valeur de la terre ; il nous fallait un chiffre moyen : c'est celui de 2.500 francs (2 hectares) sur lequel nous basons nos calculs.

Puisque sur 50 millions d'hectares, nous en exonérons 8 millions de toute contribution directe, il nous en restera 42 millions pour payer un milliard d'impôts — exactement 1 milliard, 250 millions — soit 30 francs par hectare ou 19 % du revenu brut.

C'est là la moyenne de ce que devra payer la propriété immobilière, bâtie ou non bâtie, urbaine ou rurale, proportionnellement à sa valeur et à son revenu brut. Voici le tableau de cette répartition progressive en partant de la propriété de 25.000 francs et doublant le capital pour chaque augmentation de taxe de 5 francs à l'hectare.

TABLEAU D'IMPOT PROGRESSIF SUR LA PROPRIÉTÉ BATIE ET NON BATIE

(Pour la propriété bâtie, le chiffre d'hectares représente des lots de la valeur de l'hectare, soit 1.250 francs avec le même produit brut de 150 francs.)

Jusqu'à la valeur de 12.000 francs le petit bien de famille est exonéré de tout impôt.
(3 millions de petits biens de famille exonérés).

Valeur croissante de la propriété immobilière	Impôt progressif basé sur la valeur croissante	o/o du capital	Superficie en hectares	Impôt progressif à l'hectare	o/o du revenu brut de 150 francs à l'hectare	Nombre de fortunes de chaque catégorie nécessaire pour que leur réunion donne le capital de 100 milliards (1)	o/o entre le nombre de fortunes et celui des habitants	Taxe totale nécessaire dans chaque catégorie pour donner ensemble 1 milliard d'impôts directs (2)
jusqu'à 25.000	100	0.04	20	5	3.20	400.000	1/100	40 millions
50.000	400	0.08	40	10	6.30	200.000	1 200	59
100.000	1.200	1. 2	80	15	9.30	100.000	1 400	71 —
200.000	3.200	1. 6	160	20	12.50	50.000	1 800	83 —
400.000	8.000	2.00	320	25	15.60	25.000	1/1.600	95 —
800.000	19.200	2.40	640	30	18.80	12.500	1 3.200	107 —
1.600.000	44.800	2.80	1.280	35	21.80	6.250	1/6.400	119 —
3.200.000	102.400	3.20	2.560	40	25.00	3.125	1/12.800	130 —
6.400.000	230.400	3.60	5.120	45	28.00	1.562	1/25.600	142 —
12.800.000	512.000	4.00	10.240	50	31.00	781	1/51.100	154 —

(1) Total : 799.218 fortunes donnant ensemble cent milliards (10 milliards par catégorie).   (2) Total : 1 milliard.

Il ressort de ce tableau que la propriété moyenne de 800.000 francs environ, paye bien la taxe voulue : 30 francs à l'hectare, soit 2,40 % du capital et 19 % du revenu brut. La propriété la moins imposée jusqu'à 25.000 francs ne paye que 5 francs à l'hectare, soit 0,40 % du capital et 3,20 % du revenu. La plus imposée paye 50 francs à l'hectare, soit 4 % du capital et 31 % du revenu brut. Nous voici bien loin des 41 % que paye la terre aujourd'hui.

Conclusion

La répartition progressive ci-dessus de l'impôt conduit à 22 % de réduction sur le chiffre actuel. Ajoutons que chacun paye en proportion de sa fortune, ce qui est équitable, et que trois millions de familles pauvres sont totalement exonérées.

Dans nos calculs, nous maintenons le chiffre actuel de 4 milliards d'impôts parce qu'il faut absolument songer à l'amortissement de notre énorme dette dont l'intérêt absorbe le tiers du budget. Nous réclamons, de ce chef, un amortissement annuel de un milliard si possible, mais au moins de un demi-milliard.

Pour cela, tout en maintenant le chiffre présent de l'impôt, il faut faire de fortes économies sur nos dépenses.

Nous en avons indiqué une petite en passant, sur le budget de la guerre, mais il y en a bien d'autres plus urgentes et moins dangereuses sur les autres budgets et, tout spécialement, une énorme sur le nombre des fonctionnaires qui, de 900.000 peut se ramener, sans aucun inconvénient, à 200.000, soit le quart ou un peu moins.

Si donc, nous admettons une moyenne de 1.000 francs par fonctionnaire, ce qui est certainement un minimum, nous payons, de ce chef, aujourd'hui 900 millions qui se réduiraient à 200 millions soit 700 millions d'économie.

Mais si nous réduisons le nombre des employés, nous les voudrions par contre, mieux payés, car, là aussi, il y a dans les bas emplois, une misère qui réclame notre sollicitude. Nous sommes donc d'avis de doubler les appointements des 200.000 fonctionnaires que nous conservons ; ils feront de meilleure besogne et tout le monde y gagnera. Il nous restera encore 500 millions d'économie à porter au compte d'amortissement. Dans ces conditions, nous garderions un employé pour 200 habitants au lieu de 1 par 50, le chiffre actuel ; ce sera très suffisant puisque nous n'en avions pas plus, il y a cinquante ans.

La multiplication des fonctionnaires c'est de la centralisation et nous ne devons viser qu'à la décentralisation.

Avec les facilités actuelles de communication, toute la France n'est plus qu'une énorme banlieue autour de Paris. Notre organisation administrative, avec ses 86 départements, ses préfectures, ses sous-préfectures n'est plus qu'une machine, encombrante et onéreuse pour l'Etat.

La division militaire en vingt régions serait plus que suffisante et se trouve tout indiquée comme simplification. Il en résulterait une grosse économie par la réduction des trois quart sur quantité d'emplois.

Les économies sont faciles à trouver, il suffirait de les vouloir, mais les tendances collectivistes du jour ne sauraient s'en accommoder. Nous avons déjà dit où nous mène le collectivisme ; nous n'avons donc pas à y revenir.

La péréquation de l'impôt que nous proposons nous paraît équitable et pratique ; d'autres pourront en indiquer de meilleures, l'essentiel c'est d'en adopter une.

Nous insistons sur ce point que la condition nécessaire de toute péréquation est la répartition par moitié des charges fiscales entre la propriété immobilière et la propriété mobilière qui lui est égale, sinon supérieure, nous ne saurions trop le redire.

Il est difficile, nous le savons, de la débusquer pour arriver à la taxer ; ce n'est cependant pas impossible ; ce qui ne peut se faire directement peut s'obtenir indirectement, en augmentant la taxe

sur toute opération de bourse au comptant et surtout à terme. Il faut atteindre
ce jeu effréné autant qu'immoral sur l'argent comme sur les denrées, blés, farines,
huiles, sucres, pétroles etc., etc. Ces agio-
tages sur des valeurs souvent fictives,
avec des couvertures insignifiantes n'abou-
tissent qu'à fausser les cours et donnent
toute licence aux monopoles et aux accaparements.

Si rien de tout cela n'était possible, il
resterait une dernière et suprême ressource : abolir la contribution directe et
faire porter toute la charge de l'impôt
sur les contributions indirectes qui frap-
pent à peu près tous les contribuables
dans de justes proportions, car si le riche
ne mange pas plus et même moins que le
pauvre, il mange plus cher et son luxe
peut être atteint sous toutes les formes
par les contributions indirectes.

Il y aurait d'ailleurs peu de chose à
faire pour faire rentrer l'enregistrement
et le timbre dans la contribution indirecte, ainsi que les 44 millions de taxes
assimilées à la contribution directe ; il

4

ne resterait donc à y rattacher que les
500 millions (exactement 517.752 mille
francs) qui grèvent plus spécialement les
immeubles.

V

Réforme Rurale

Nous avons surtout parlé jusqu'ici de ce que l'on peut et doit faire pour la terre ; il serait peut-être temps de nous occuper de ce que la terre pourrait et devrait faire pour elle-même.

Le meilleur et le plus utile auxiliaire du médecin c'est le moral du malade. Quand celui-ci veut fortement guérir, il est rare qu'il meure ; quand il s'abandonne, il est à peu près condamné d'avance.

Nos campagnes sont malades ; elles souffrent de maux nombreux ; le dépeuplement, le manque d'hygiène, les méthodes surannées de culture, le déboisement, — surtout, et au-dessus de tout, la désaffection de la terre, mal moral qui engendre tous les autres.

Contre tous ces maux, il faut que le rural réagisse énergiquement. — Quand nous disons le rural, nous voulons encore

moins entendre les paysans que l'aristo-
tocratie et la bourgeoisie qui donnent
l'exemple de la désertion des champs.

Le mal ne date pas d'aujourd'hui ; il
remonte à l'ancien régime, comme nous
l'avons vu dans la partie historique de
cette monographie. — En attirant à la
cour les nobles des campagnes, les pous-
sant à s'endetter pour mieux papillonner
à Versailles, Louis XIV a porté, il est
vrai, un coup décisif à la Féodalité, mais,
en même temps, il a préparé les voies à
l'absentéisme. C'est ainsi, je crois, que les
sociologues et les économistes appellent
aujourd'hui cette espèce d'émigration à
l'intérieur qui a été si funeste à la terre.

Ce fut une des grandes fautes de la monarchie de ne pas prévoir les fâcheuses
conséquences de ce mouvement qui n'a
pas été étranger à la Révolution.

Si les gentilshommes étaient restés sur
leurs terres, ils y eussent mieux servi
l'Etat qu'à la Cour, et Mirabeau n'avait
pas tort de vouloir les renvoyer aux
champs.

« Le plus habile agriculteur, dit-il, le

« protecteur le plus éclairé de l'agricul-
« ture, sont, toutes choses égales d'ail-
« leurs, les deux premiers hommes de la
« société. »

Voilà une parole aussi sage que vraie.
Rien n'a changé depuis « l'Ami des
Hommes ».

Aujourd'hui, les nobles, les bourgeois,
l'élite enfin, ceux que Leplay appelait
les « Autorités Sociales » abandonnent
comme leurs ancêtres, la terre natale
pour le luxe et les plaisirs de la ville.

Et voyez l'étrange contradiction : quand
ils pourraient avoir, dans leurs domaines,
la vie la plus haute, la plus noble en
même temps que la plus intéressante, ils
se plaignent amèrement de ne plus trouver leur place dans la Société actuelle,
d'être systématiquement exclus du pouvoir et des affaires, de se voir refuser
l'accès des charges et emplois publics.

C'est de l'aberration, c'est toujours le
Quos vult perdere Jupiter dementat.

Maintenant qu'ils n'ont plus la cour,
qu'ils n'ont plus Versailles, pour y dila-
pider leurs finances, ils n'en continuent

pas moins à pressurer et ruiner leurs
terres, pour faire figure à la ville, dans
les sports les plus divers.

Dans ces conditions, quel prestige peu-
vent-ils garder près des populations laborieuses ? Ils mettent toute leur ambition
à se distinguer parmi les fêtards, faute,
disent-ils, de pouvoir consacrer leur vie au
bien public et au service du pays. Que ne
retournent-ils chez eux cultiver le champ
paternel, vivre au milieu des paysans,
y remplir ce devoir de solidarité qu'on
appelle si justement le patronage rural.
C'est là qu'ils seront vraiment utiles et
bienfaisants, c'est là qu'ils retrouveront
la dignité d'une existence consacrée au
bien, dans la plus noble, la plus respectable des professions, celle d'agriculteur qui prime toutes les autres.

Cultiver le sol est encore plus beau que
de le défendre, et d'ailleurs avec le service obligatoire, l'un n'empêche pas l'autre.
— Au contraire.

Nous connaissons personnellement un
jeune homme qui a compris la haute dignité de cette existence des champs. Il a

fait des études complètes, il est avocat,
il est docteur en droit, il est musicien
consommé ; il eut pu briller au premier
rang dans le monde ; il a préféré consacrer toutes ses facultés à sa terre qu'il a
amendée et dont la valeur a triplé par
des draînages intelligents et des engrais
bien compris.

Très bon, très simple, très accueillant,
très généreux, il a su grouper autour de
lui toute la population rurale des envi-
rons ; on le consulte volontiers, il est
aimé de tous, il vit au milieu de ses ouvriers, de ses tenanciers et de ses voisins,
dont il partage les travaux, les succès et
les déboires. Il y a bien longtemps qu'ils
le veulent pour Maire, il s'y refuse avec
raison, ne voulant rien compromettre de
son indépendance ; il ne veut être que le
père de cette famille agrandie qui gra-
vite à ses côtés et pour laquelle sa sollicitude, morale et matérielle, est vraiment
touchante.

Il a fondé une harmonie et une troupe
théâtrale qui sont justement célèbres,
dans un rayon de plus de dix lieues. Dès

que les travaux des champs donnent du loisir, il réunit ses voisins qui sont aussi ses élèves ; on répète les morceaux de musique, on étudie les rôles des pièces dont il est souvent l'auteur et le compositeur. Une immense grange sert de local pour tout cela ; les pères, les mères, les parents, les amis viennent là chercher des distractions de choix qui les détournent du cabaret et des funestes doctrines qui s'y propagent.

Si dans toutes nos communes de France nous avions un homme comme celui-là, vivant sur le bien de ses pères, au milieu des paysans qui l'ont vu tout enfant, ont appris à l'estimer, à l'aimer surtout, on verrait bien vite se dissiper les jalousies de caste, s'apaiser les haines de partis, la patrie se guérirait de l'anarchie dont elle meurt, et nous verrions les campagnes se repeupler.

Dans une étude publiée par la *Réforme sociale,* un homme de bien, un homme modeste, puisqu'il ne signe pas, écrit sagement :

« Vous tous, qui possédez la fortune,

« pourquoi ne vous mêlez-vous pas da-
« vantage au peuple ?

« Les échos de vos fêtes et de vos
« festins arrivent aux travailleurs, sans
« qu'ils prennent jamais leur part de vos
« plaisirs ; ils ne vous connaissent que
« pour vous voir passer au fond de vos
« automobiles qui menacent d'écraser
« leurs bestiaux, leurs volailles e leurs
« enfants. Vous n'avez jamais rien fait
« pour améliorer leur sort, comment
« pourraient-ils vous aimer ?

« Si vous aviez vécu près d'eux, par-
« tageant leurs espoirs et leurs inquié-
« tudes, prenant part à leurs peines et à
« leurs joies, vous réjouissant de la nais-
« sance de leurs enfants, croyez-vous
« qu'ils ne vous prendraient pas en affec-
« tion ? Pensez-vous que leur cœur soit
« de pierre ? »

Ce tableau est une critique vraie et
juste de la bourgeoisie citadine et de ce
qui reste d'aristocratie. C'est par elles
qu'a commencé la désertion des campagnes, c'est par elles que doit renaître leur
repeuplement. Moralement et matérielle-

ment, elles ont donné le mauvais exemple à la masse ; à elles maintenant de travailler à son redressement, de s'amender, de retourner à la terre pour l'y raramener.

Récemment, Marcel Prévost nous a donné le portrait du bourgeois tel que le voit le peuple :

« Généralement, l'ouvrier accole à ce
« mot l'épithète de : « *Sale* » ce qui ne
« veut pas dire qu'il regarde le bour-
« geois comme un être malpropre, mais
« bien comme un être méprisable. Ainsi
« s'est curieusement modifiée dans l'es-
« prit et la langue du peuple, la concep-
« tion de la bourgeoisie. A la fin du
« XVIIIe siècle, elle est comme soudée
« au peuple ; c'est la même caste sociale ;
« ouvriers, bourgeois, paysans, entrent
« aux États généraux par la même porte ;
« ils sont tous les gens du Tiers. Cent
« ans plus tard, la cassure est définitive
« entre les bourgeois et les prolétaires.
« Et inversement, les prolétaires ne dis-
« tinguent plus entre les diverses classes
« de non-prolétaires. Quiconque est capi-

« taliste à n'importe quel degré, est un
« bourgeois ; le titre et le costume n'y
« font rien. Et il devient même excessive-
« ment difficile, par le temps qui court,
« de n'être pas un bourgeois, selon
« certains prolétaires. Le plus misérable
« commerçant, perpétuellement guetté par
« la faillite, est un bourgeois aux yeux du
« maître-compagnon qui gagne trois fois
« plus d'argent et vit largement. Un em-
« ployé exténué de courses et de veilles,
« est un bourgeois. Un rentier infirme,
« que sa rente empêche tout juste de
« mourir, est un bourgeois. »

Nous voyons un peu d'exagération
dans cette page de Marcel Prévost qui a
peut-être tort de trop généraliser.

Mais sans rééditer ici les banales dé-
clamations sur « la misère en habit noir »
nous tombons tout à fait d'accord avec
lui quand il constate que nombre d'ouvriers vivent plus largement que le petit
rentier et le petit employé dont les ressources n'ont pas augmenté sensiblement
depuis cinquante ans, alors que le prix
de la vie matérielle a quintuplé et que la

paye de l'ouvrier a grandi dans les mêmes proportions.

Que le bourgeois revienne aux vertus traditionnelles de ses pères, qu'il rentre au foyer rural pour y reprendre une vie utile, surtout et avant tout, qu'il repeuple ce foyer, qu'il renonce à tout jamais aux pratiques égoïstes du malthusianisme, et le peuple cessera de le flétrir de l'épithète de « sale bourgeois ».

Si nous revenons sans cesse à cette question de repopulation, c'est que son importance prime tout en réalité ! A quoi servira la petite propriété de famille que nous tâchons d'édifier, s'il n'y a plus d'enfants ? Or, les chiffres que nous donnent les dernières statistiques sont vraiment effrayants :

1.315.000 familles sans enfants ;

2.250.000 familles avec un seul enfant.

Il semble vraiment que notre génération ne veut pas se survivre ! Quelle navrante mentalité ! Sans enfant, la race meurt, avec un enfant par famille, elle agonise, avec deux, elle périclite, avec trois, elle se maintient, il lui en faut quatre pour grandir et beaucoup plus pour prospérer.

Que nous sommes loin des temps de l'ancienne France où l'on n'économisait pas sur les naissances, où chaque enfant nouveau était une richesse de plus. On voyait alors souvent des familles de 15 et 20 enfants qui, devenant grands, se lançaient dans les aventures et nous fondaient de magnifiques colonies, comme le Canada, où notre race a gardé sa vitalité avec les traditions du passé. On ne pensait pas alors à faire des fonctionnaires de ses enfants, on en faisait des pionniers glorieux, des hommes d'action qui ont engendré les fortes générations de la République et de l'Empire.

Si nous voulons retrouver cette sève qui faisait de nous la plus hardie, la plus puissante et la plus peuplée des nations, il faut nous retremper dans le sol et repeupler les campagnes.

Passons à l'hygiène, qui sera un des facteurs puissants de ce repeuplement.

Nos habitations rurales, à peu près toutes, ont grand besoin d'être assainies.

Elles manquent, en général, d'air et de lumière ; elles sont souvent malpropres et peu soignées, et cette tare s'étend à leurs habitants. Cette incurie engendre la maladie qui se développe à plaisir dans ces nids à microbes.

Généralement, les logements sont peu élevés, les ouvertures rares et trop exiguës ; les planchers, quand il y en a, sont grossiers et enduits d'une épaisse couche de graisse ; parfois, on se contente de terre battue ; les murs mal crépis suintent la saleté quand ce n'est pas l'humidité.

Le plus souvent, les locaux servant à l'habitation sont attenants à ceux où grouillent pêle-mêle les animaux, dont le relent et les fumiers se propagent des uns aux autres, dans le va-et-vient perpétuel qui s'établit entre eux.

Bref, l'habitation rurale est presque toujours insuffisante et malsaine. Il n'en coûterait cependant pas beaucoup pour la faire grande, largement aérée, hygiénique et séduisante, à la fois gracieuse, commode et très pratique.

La Société d'Épargne des Retraites

vient d'en faire la démonstration visible, tangible, pour ainsi dire vécue, en plein Paris, à l'exposition de l'Habitation, cours la Reine.

La petite ferme qu'elle exposait, établie avec le concours technique de M. Dourgnon, architecte, maire du neuvième arrondissement, et les bons conseils de MM. de Lapparent, inspecteur général de l'Agriculture, et Cacheux, membre du Comité supérieur des habitations à bon marché, est bien le type réalisé de ce que nous rêvons, pour nos petites propriétés de douze mille francs et au-dessous.

Le prix de revient dépasse un peu ce chiffre, mais on peut le restreindre en se maintenant dans les mêmes données d'hygiène et de confort.

La condition essentielle de toute habitation est d'être saine ; il ne faut pas croire que l'agriculteur, parce qu'il passe ses journées au grand air, peut impunément dormir dans un local insalubre et y prendre ses repas. S'il y contracte des germes morbides, l'air vif et le travail des champs ne pourront que les développer et les amener à l'état aigu. Ainsi en est-il des catarrhes qui dégénèrent en tuberculoses, des typhus, d'où sort la typhoïde, pour ne parler que des maladies les plus fréquentes.

Il faut condamner sans rémission aux champs, comme à la ville, le logement trop étroit et mal éclairé où les miasmes s'accumulent, où l'air raréfié se vicie, où la maladie guette sournoisement l'homme et encore plus l'enfant.

Il faut à l'ouvrier agricole, comme à l'autre, un local où l'air et le jour pénètrent largement ; c'est bien plus facile dans les campagnes où l'espace n'est pas mesuré, que dans les villes où il est si parcimonieusement compté. Aux champs, toute famille a sa maison individuelle ; il n'en coûtera pas beaucoup plus, nous venons de le dire, de la faire assez grande pour qu'elle réponde aux exigences de l'hygiène.

Cette habitation, ferme ou maison agricole, comporte, au minimum, une vaste salle commune, sorte de local à tout faire où la famille se réunit, mange et vaque à ses diverses occupations ; au besoin on y peut préparer les aliments ; il est cependant préférable et plus sain que la cuisine se fasse dans une pièce attenante.

De larges ouvertures donneront la lumière dans l'une et dans l'autre. Autant que possible on n'y mettra pas de lit, comme cela se fait trop fréquemment.

Les chambres à coucher, au nombre de deux au moins, une pour le père et la mère, l'autre pour les enfants, seront également vastes et aérées. Cela fait quatre pièces en tout ; il faut espérer que l'importance de la famille en exigera souvent davantage.

Autant que faire se pourra, il faudra amener l'eau dans la maison, c'est une bien petite dépense de tuyautage et il sera toujours facile d'établir à la hauteur voulue un réservoir alimenté par une pompe, c'est le meilleur moyen d'inculquer dans les campagnes, le goût et le besoin des soins de propreté corporelle qu'exige l'hygiène et dont on a si peu l'habitude jusqu'à présent.

Nous connaissons encore nombre de

villageois qui ne se lavent que le dimanche, et encore ! Un vieux et stupide préjugé leur fait croire qu'on engraisse les
enfants comme les porcs, dans la saleté ;
c'est une hérésie pour les uns et pour les
autres. La propreté est au contraire le
premier et le plus essentiel facteur de la
santé, *Mens sana in corpore sano.* Voilà
une vérité vieille comme le monde et
qui, cependant, reste ignorée de bon nombre de paysans.

Le luxe des villes a pénétré les campagnes où l'on voit, avec stupéfaction,
sortir le dimanche de taudis infects, des
femmes empanachées, adornées de fleurs
et de rubans, mais qui, souvent, ont ou-
blié leurs ablutions.

Dans maints villages, les bains sont
encore inconnus, parfois même on tient
en suspicion et on regarde comme malsain, cet élément essentiel d'hygiène
usuelle.

Tous ces préjugés, toutes ces fâcheuses
routines disparaîtront avec la petite maison moderne que nous cherchons à rendre accessible aux familles peu fortunées

dans les campagnes, comme dans les banlieues des villes.

Dans cette habitation, propre et bien tenue, que l'amour-propre de la ménagère saura rendre riante et séduisante, le mari et les fils se plairont et désapprendront le chemin du cabaret où le terrible alcoolisme les attend.

La femme est, en effet, l'âme de la petite exploitation agricole, aussi bien que du petit commerce. Elle est assidue au travail, économe, surveille tous les petits détails, élève sa famille, et donne aux enfants le goût de la vie simple des champs ; elle veille à la bonne hygiène du logis qu'elle sait rendre attrayant.

Aussi ne saurions-nous trop applaudir l'initiative peu banale de la Société Centrale d'Agriculture de Chambéry qui vient d'organiser un concours pour récompenser le rôle spécial de la femme dans une exploitation rurale.

En dehors des mérites ci-dessus, il lui sera tenu compte, pour l'attribution des primes, de sa valeur comme ménagère, de la façon dont elle tient les comptes,

dont elle dirige la laiterie, utilise les sous-
produits, basse-cour et jardin, contribue
enfin dans une large mesure à l'aisance
et à la prospérité de la famille. Voilà du
sain féminisme et de bonne économie sociale domestique.

Il nous reste à dire quelques mots de
l'hygiène des animaux, aussi mal comprise généralement que celle de l'homme.

Là aussi, c'est surtout la propreté qui
fait défaut. Le bétail croupit trop souvent
dans son fumier, on lui ménage trop parcimonieusement l'air et la lumière.

Comme la maison, l'étable doit être
vaste et nette, pourvue de larges baies
et proprement tenue.

Une attention toute spéciale sera donnée
à l'établissement de son sol qui doit être
gardé sec autant que possible.

A cet effet, il faut y ménager une double pente très légère, la première dans
le sens de la largeur, allant du ratelier à
·1 m. 50 environ de la paroi opposée, la
seconde encore plus légère, dans le sens
de la longueur de l'étable ; ces pentes
doivent être suffisantes pour assurer

l'écoulement des purins qu'une rigole amènera dans une fosse étanche juxtaposée au trou à fumier, lequel devra être également étanche.

Si l'écurie a cinq mètres de largeur, ce qui est une bonne moyenne, la rigole dont nous venons de parler sera ménagée à 3 m. 50 de la paroi du râtelier et la litière tenue relevée à 3 mètres de la même paroi. Cette disposition empêchera que les animaux se couchent à même leurs ordures, délayées par la stagnation du purin, ce qui est général aujourd'hui.

D'autre part, pour éviter que le sol s'imprègne et se sature, par une lente infiltration de résidus excrémentiels, on devra le traiter en béton ou pavé, avec jointoiements cimentés ; le tout devant être, d'ailleurs, parfaitement bouchardé pour éviter les glissades susceptibles d'estropier les bêtes.

Nous ne saurions trop insister sur la question des purins qu'on laisse se perdre tant à l'intérieur qu'à l'extérieur des étables, où ils vont trop souvent contaminer les sources, quand on aurait tant d'inté-

rêt à les capter pour arroser les fumiers.
On ne se doute pas assez qu'on perd
ainsi 80 % de leurs qualités fécondantes.

La paille pourrie, mais desséchée, qu'on
répand sur la terre, en guise de fumier,
ne donne, en effet, qu'une illusion de fu-
mure.

L'incurie que nous combattons est à la
fois un danger pour l'hygiène et une
perte sèche importante pour le cultivateur.

D'autre part, M. de Lapparent, l'éminent agronome dont nous avons déjà
parlé, nous a signalé une autre disposition défectueuse courante, dans l'établissement des étables ; le plus souvent, on
jette les fourrages aux animaux par une
ouverture située au-dessus du râtelier ;
M. de Lapparent condamne formellement
cette disposition qui fait tomber sur la
tête du bétail une pluie de poussières et
de détritus dont il se trouve très mal.

C'est une condition essentielle de santé
pour les bêtes d'être tenues dans un état
constant de propreté. L'étrille et la brosse
leur sont aussi nécessaires que la bonne

alimentation. On s'en rend compte pour le cheval de luxe ; cela est tout aussi vrai pour les chevaux de trait et les bêtes à cornes.

M. de Lapparent nous a encore édifiés sur la valeur d'un bien curieux préjugé qui a cours généralement partout. On regarde communément le porc comme le plus sale des animaux, puisqu'on flétrit de ce vocable les gens malpropres. Il paraît que c'est une erreur grossière et une injure envers celui de tous nos animaux domestiques qui est le plus soigneux de sa personne. La preuve est, que si dans son réduit, on a le soin d'isoler sa litière par une petite barre de bois, il viendra déposer ses ordures en dehors de la partie isolée.

Entrer dans plus de détails dans les innombrables réformes qu'on peut demander à la population agricole, nous entraînerait trop loin.

Après le repeuplement qui intéresse directement la conservation de la famille et de la race, après l'hygiène qui importe si fort à la santé des animaux, comme à la nôtre, nous ne pouvons cependant passer sous silence une autre réforme qui intéresse directement la terre : nous voulons parler de l'urgence du reboisement.

L'arbre est le facteur essentiel de la vie végétale ; sans arbres plus de sources, plus d'eaux, plus de végétation, partant plus de vie animale.

« Avec le dernier arbre, a dit Michelet, disparaîtra le dernier homme. »

Il semble vraiment que chez nous, le déboisement marche de pair avec la dépopulation et que nous soyons aussi aveugles pour l'un que pour l'autre de ces deux dangers. Pendant la première Révolution, les bois et les forêts mis en vente, à titre de biens nationaux, ont été acquis à vil prix, par des gens sans scrupule qui, peu confiants dans la validité des actes de vente qui les envoyaient en possession, n'ont eu qu'un souci : réaliser au plus vite et liquider pour se mettre à l'abri de toute revendication.

Cette opération fut le fait d'un petit nombre de représentants du peuple, d'hommes de loi et de fonctionnaires ;

on y trouve des gens de toutes classes, jusqu'à un duc de Lévis qui acheta le premier bien national mis en vente en Seine-et-Oise ; seuls, les paysans auxquels on avait promis les biens des nobles émigrés et des moines ou prêtres réfractaires, n'en ont jamais bénéficié sauf de rares exceptions.

Quoi qu'il en soit, la liquidation et la prompte réalisation étaient bien faciles pour les bois qu'il suffisait de couper à blanc pour recouvrer dix fois et au-delà le prix dérisoire qu'on les avait payés. C'est ce qui fut fait à peu près partout et notre régime forestier ne s'est jamais remis de cette saignée.

Dans maintes régions, les Causses des Cévennes par exemple, la disparition de l'arbre a entraîné celle des sources et eaux courantes, laissant la terre nue et aride. Dans le Dauphiné, tout le Déveluy est dénudé ; dans tous les terrains calcaires les pluies, que n'arrête plus la puissante végétation de l'arbre, passent à travers les fissures du sol appauvri.

Et le mal ne fait que grandir d'année

en année ; tantôt dans un département, tantôt dans un autre, nous ne voyons que bois coupés à blanc. On sait qu'il leur faudra plus de 40 ans pour repousser, qu'importe ! nous ne songeons guère à nos arrière-neveux, puisque nous ne voulons plus d'enfants. — Après nous, le déluge !

Dans ce monstrueux gaspillage, on a vu des inconscients, traîtres à la Patrie, vendre leur forêts à l'étranger qui peut ainsi épargner les siennes en ruinant les nôtres.

Comment tout cela est-il possible, en un temps où l'on ne parle que d'humanité et de progrès ! A quoi nous mènera le progrès si nos eaux fuient à l'intérieur des terres, si notre sol devient un sahara, si nos rivières, comme en Afrique, se font souterraines, nous laissant en proie aux horreurs de la soif ? C'est cependant là que nous conduira le déboisement, et plus vite qu'on ne le croit généralement.

Sauvez l'arbre pour sauver l'eau, reboisez, préservez les sources, ce sera servir vraiment la cause humanitaire. Planter un arbre c'est faire un enfant à la terre, notre mère nourricière.

———

Nous terminerons ici cet essai de monographie. et dans la seconde partie de cette étude, nous sortirons définitivement du domaine des généralités pour nous renfermer dans l'étude de l'habitation à bon marché, et plus spécialement de la petite propriété rurale.

———

La Maison Individuelle
et la Petite Propriété Rurale

I

Genèse de l'habitation à bon marché

Tous ceux qui s'attachent à la solution pratique des questions sociales, s'entendent pour reconnaître que l'amélioration matérielle et morale des classes laborieuses dépend essentiellement des progrès de l'habitation et s'obtiendra surtout par l'influence hygiénique et moralisante de la maison à soi (le *home* anglais).

L'agglomération des populations dans les villes où l'on voit, dit M. Georges Picot, de l'Académie des sciences morales et politiques, « le père, la mère et les enfants entassés dans une chambre sans air, dont l'atmosphère viciée est le prélude de toutes les maladies », a révélé des dangers et des inconvénients qui ont affirmé la nécessité de la maison de famille saine et salubre.

A l'origine, on s'est surtout préoccupé de l'ouvrier, et c'est pourquoi, pendant de longues années, cette œuvre a été connue sous le nom de « Maisons ouvrières ».

Peu à peu, on a compris que le petit employé, presque aussi nombreux, dans les grands centres, que l'ouvrier, est digne comme lui des mêmes sollicitudes, avait droit au même titre, à sa part d'air et de lumière. De ce jour, « la maison ouvrière » est devenue « l'habitation à bon marché ».

Enfin on vient de se rendre compte qu'il n'y a aucune raison de laisser les campagnes en dehors de cette œuvre de progrès qui, depuis, s'appelle « la maison individuelle ».

Ce dernier vocable ne tardera pas à remplacer les deux autres, dans le langage usuel, parce qu'il traduit mieux la situation actuelle de la question généralisée.

Quelque nom qu'on lui donne, le logis salubre, mis à la portée de tous, est une nécessité de premier ordre et doit remplacer, aux champs comme à la ville, ce que Jules Simon appelait « les taudis ».

Le logement, insuffisant et malsain, où grouillent pêle-mêle hommes femmes et enfants, est un générateur de tuberculose et d'alcoolisme ; il pousse l'homme au cabaret, la femme à l'inconduite et l'enfant à la rue.

Voici plus de soixante ans que s'est posé le problème de l'habitation. Ce n'est qu'après de longs tâtonnements qu'on est arrivé à la « maison individuelle », qui peut en devenir la solution rationnelle et définitive. On s'est longtemps attardé dans la voie de location d'énormes maisons de rapport à six ou sept étages, où s'empilaient des centaines de familles dans des appartements trop étroits. C'était tourner la difficulté sans la résoudre.

Dans les villes, la valeur du terrain ne

permet pas d'obtenir des logements suffi-
sants à des prix abordables pour la classe
laborieuse.

Le développement merveilleux des
voies de communication et des moyens
de locomotion, mis à la portée des plus
besogneux, a fait comprendre que la
vraie solution du problème ne se trouve
qu'en dehors des villes, dans les banlieues plus ou moins étendues.

Comme tant d'autres, l'idée des habitations à bon marché est née en France,
mais nous avons été bien vite distancés,
dans son application, par l'étranger, notamment l'Angleterre et la Belgique.

En Angleterre, on a débuté par des locaux urbains sains et de prix relativement
modérés. On en a bien vite vu les défauts
et les inconvénients et, depuis quelques
années, on leur préfère les petits cottages
suburbains, dont le nombre s'élève rapidement. Pour cette œuvre, les capitaux
privés ont afflué et ont trouvé, ce qui n'est
pas à dédaigner, un placement rémunérateur.

Toujours pratique, l'anglais a su dou-

bler sa bonne uvre d'une bonne affaire :
c'est un exemple à suivre ; la meilleure
des œuvres de philanthropie est celle qui
fait le mieux ses affaires ; cela lui donne
force et vitalité.

Dans les grandes bâtisses urbaines, on
ne peut d'ailleurs appliquer que le système de la location : nous le condamnons
comme ne répondant pas au principe
essentiel de moralisation que nous poursuivons par la cession à tempérament de
la maison individuelle, accessible à tous
sans exception.

Nous ne saurions trop insister sur l'efficacité du concours des capitaux privés
qui a permis, en Angleterre comme en
Amérique, de développer si puissamment
l'œuvre qui nous occupe.

Dans les deux pays d'ailleurs les municipalités sont à la hauteur de l'initiative
privée ; routes, canalisations, adduction
d'eau marchent de pair avec les constructions naissantes, quand elles ne les précèdent pas. On y voit parfois s'élever des
églises, des écoles et des rues sur des
terrains encore nus, mais qui ne tarde-

ront pas à se bâtir. Cela est une méthode logique et rationnelle qui facilite et avance bien les choses.

En tout cela, le rôle de l'Etat nous paraît ainsi parfaitement compris chez nos voisins insulaires. Il aide, protège et donne un large concours sans emmailloter l'initiative privée dans les langes administratifs.

Heureux pays où l'homme se développe dans sa sève et son indépendance, ne réclamant de son gouvernement que la liberté au-dedans et le prestige au-dehors.

A Londres, au Congrès International des habitations à bon marché, où nous avons été représentés par MM. Ambroise Rendu et Cacheux, membres distingués du Comité supérieur des habitations à Paris, l'honorable M. John Burns, ancien mécanicien, devenu ministre de son pays, attribue en bonne part les viriles qualités nationales de ses concitoyens à la saine indépendance du foyer domestique.

« Pour moi, dit-il, la maison n'est pas seulement un abri pour l'enfant, une école pour la jeunesse, un refuge pour le vieillard. Le foyer est le lien de formation par excellence de ce qui fait la valeur de l'homme : le caractère. Il est aussi le laboratoire de toutes les vertus domestiques, constituant ainsi le meilleur fondement des qualités nationales ».

« Je me suis refusé, ajoute-t-il, à présenter un projet de loi sur les habitations parce que j'estime le retour à la terre chose beaucoup plus urgente ; il faut éviter, grave défaut très commun dans les communautés démocratiques, de demander beaucoup à l'Etat, un peu aux communes et rien du tout à l'individu. De pareilles tendances ne peuvent conduire qu'à un désastre ».

Ces sages principes ont été vivement applaudis par nos délégués et M. Ambroise Rendu dit dans son rapport :

« Ces conseils sont bons pour tous les pays. L'*Etatisme* que répudient les chefs du mouvement social en Angleterre, est partout une cause de paralysie. *Les progrès viennent de l'initiative privée*, encouragé par les pouvoirs publics et aidée par les autorités locales ».

C'est avec une bien sincère satisfaction que nous soulignons cette nette affirmation de M. Ambroise Rendu, parce qu'elle nous est garante que tout le monde, à la Société Française des habitations, ne partage pas les suspicions mal fondées dont y sont l'objet les Sociétés libres qui n'ont pas réclamé l'estampille de l'Etat.

Nous nous sommes un peu longuement étendu sur l'état de la question du foyer familial en Angleterre, parce que noas avons voulu montrer comment, d'accord en théorie, nous différons dans la mise en pratique du problème ; nous reconnaîtrons que les Anglais sont dans la bonne voie puisqu'il vont à pas de géant vers la solution où nous ne tendons que bien lentement.

N'est-ce pas ce qu'à voulu nous faire entendre M. Rendu, en ajoutant que sa formule ci-dessus sur les progrès qui ne viennent que de l'initiative privée, encouragée par les pouvoirs publics et aidée par les autorités locales, est applicable en matière d'habitations populaires, comme en tout autre, dès lors qu'il s'agit de questions économiques.

Nous craindrions de diminuer la haute autorité de ce témoignage en y joignant le plus petit commentaire.

Par contre, en Allemagne, le rôle de l'Etat est tout à fait prépondérent et l'initiative privée n'intervient que dans de très minimes proportions. Le gouvernement a apporté à l'étude du problème l'esprit de militarisme qui le caractérise, aussi le type le plus fréquent de la maison ouvrière est-il la grande, l'énorme bâtisse, genre caserne ; les logements individuels sont l'exception.

A la première Exposition de l'habitation, en 1903, nous avons vu, au Grand-Palais, galeries de gauche, au premier étage, de curieux spécimens photographiés de ces maisons qui se distinguent par de vastes salles communes et d'immenses dortoirs. Il est inutile de dire que nous reprochons à ce système de graves inconvénients moraux sur lesquels nous n'insisterons pas. L'hygiène le condamne d'ailleurs également et il a le tort de n'avoir prévu que le célibataire et d'être impossible pour la famille.

Quoi qu'il en soit, l'Empereur allemand, que la question sociale préoccupe à bon droit, a favorisé de tout son pouvoir l'œuvre des logements à bon marché et leur prête un large concours, même financier.

En Belgique, le problème a été mieux compris, grâce à une sage entente entre le Gouvernement et l'initiative privée.

On se rendra compte de cet état de choses si l'on observe que le Belge a beaucoup de notre tempérament et de notre caractère, mais qu'il y allie volontiers une bonne dose du sens rassis et de l'esprit pratique de l'Anglais.

L'Etat a su apporter un concours utile et fécond, sans jamais entraver l'initiative privée à laquelle il a, sans compter, ouvert ses caisses d'épargne. C'est ainsi que toute Société d'habitation à bon marché, sur preuve faite de sa constitution, par le versement d'un quart du capital, peut toucher dans ces caisses une fois et demie le montant de son capital, soit 1.500.000 francs pour un capital de un million, dont 250.000 francs versés. Ce prêt qui sextuple les ressources de ces Sociétés, leur est consenti à raison de 3 % et même 2 1/2 % d'intérêt.

On voit que, travaillant à 8 % minimum soit 3 % d'intérêt et 5 % d'amortissement, elles peuvent, très facilement et assez promptement se libérer ; c'est ce qui se produit en effet et les caisses de l'Etat ne courent aucun risque du fait de ces avances.

Dans ces conditions, une société au capital de un million, peut bâtir deux millions d'immeubles dès la première année et augmenter progressivement ses constructions, ce qui lui permettra de se suffire à elle-même, assez rapidement. Notez bien que l'Etat, en avançant les fonds des caisses d'épargne à 3 % n'a pas eu un moment la vélléité d'imposer un pour cent maximum de revient aux opérations sociales qui se verraient paralysées par une semblable inquisition.

Voyons, maintenent, ce qui a été fait

en France, pour la solution du problème de la maison individuelle. En partant de ce principe que donner à l'ouvrier, au travailleur honnête, agricole ou citadin, comme au petit employé, un intérêt de conservation, une petite propriété, un toit familial, c'est le soustraire aux funestes influences n'ayant d'action réelle que sur ceux qui n'ont rien à perdre, nous avons été conduits à cette conclusion que c'est une nécessité impérieuse pour le socialisme moderne et la solidarité humaine de faciliter à tous l'accès au foyer individuel, et à la petite propriété de famille.

Nos études et nos travaux pour atteindre ce but remontent à plus de soixante années, nous l'avons déjà dit.

Dans une remarquable conférence, faite sous le triple patronage de l'Exposition internationale de 1903, de la Société Centrale d'architecture et de la Société d'Epargne des Retraites, sous la présidence de M. Moyaux, membre de l'Institut, M. Lucas, l'architecte distingué, membre du Comité supérieur de la Société Française des habitations à bon marché, nous a donné de ces travaux un exposé des plus intéressants.

Il en fait remonter l'origine aux cités ouvrières de Mulhouse créées par Jean Dolfus et dans lesquels les maisons sont accolées par groupes de quatre au milieu d'un jardin divisé lui-même en quatre, de manière que chaque maison en ait sa part exclusive.

Chaque famille possède ainsi un angle de maison, ce qui permet des ouvertures des deux côtés.

Le prix de revient du groupe était de 9.666 francs, soit 2.416 francs par maison; le loyer était de 187 francs. En payant 259 francs par an, le locataire devenait propriétaire en quinze ans.

Ces prix ne seraient plus possibles aujourd'hui, la matière première et surtout la main-d'œuvre ayant plus que doublé.

Il est évident qu'on obtenait par la contiguité des immeubles, une économie sensible de construction, mais il en résultait tant de difficultés et de procès pour les mitoyennetés qu'on a dû renoncer à ce type.

C'est donc à la maison de famille isolée que s'arrête la Société coopérative immobilière, présidée par Jules Simon, qui expose en 1867 un type créé par M: Stanislas Ferrand, depuis député de la Seine et présentement directeur du journal le *Bâtiment*.

Aux Expositions de 1889 à l'esplanade des Invalides et de 1900, au bois de Vincennes, on a pu visiter des types nombreux et variés de maisons ouvrières ; on ne songeait encore, à cette époque, ni à l'employé, ni au cultivateur. Les plus remarqués furent présentés par de grandes Sociétés industrielles qui comprenaient déjà quel intérêt de premier ordre il y a pour l'industrie à s'associer en quelque sorte la main-d'œuvre.

Mais ce n'est guère qu'à partir de l'Exposition de 1903 que se vulgarise tout à fait l'idée de la maison individuelle, en si grande vogue aujourd'hui.

Les progrès accomplis jusque-là, il n'est que juste de le reconnaître, sont dus

en bonne partie, à la Société Française
des habitations à bon marché fondée en
1889 par M. Jules Siegfried et reconnue
établissement d'utilité publique en 1890.
Cette Société s'étant interdit (Pourquoi ?)
toute opération de prêts, emprunts, constructions ou terrains M. Siegfried fut bien
vite obligé de la doubler d'une Société
spéciale de crédit à l'usage des Sociétés
de construction qui se réclament de sa tutelle auprès des pouvoirs publics comme
la « Ruche de Saint-Denys » et quelques
autres Sociétés locales qui prospèrent,
mais que leurs ressources insuffisantes et
leur rayon d'action trop restreint vouent
à une impuissance relative.

La grande œuvre de la Société Française a été la préparation du projet de loi
Siegfried élaboré avec le concours de M.
Fleury-Ravarin, alors auditeur au Conseil d'Etat, depuis député et maintenant
sénateur du Rhône, par MM. Trélat, Cha-
brol et d'autres membres très compétents
de la Société, sous la présidence de M.
Siegfried.

De leurs travaux est née la loi du

30 novembre 1894, sur laquelle nous aurons à revenir dans notre prochain chapitre où nous traiterons le côté législatif de la questions des habitations. Pour le moment, il nous suffira de rendre hommage aux auteurs et protagonistes de cette première loi d'humanité et de préservation sociale que M. Siegfried a pu d'ailleurs appliquer comme ministre du Commerce et de l'Industrie.

Si dans l'Etat actuel des choses, elle peut nous paraître incomplète et désuète, n'oublions pas qu'elle a eu le mérite d'ouvrir les voies et que, dans quelques années, les lois de 1906 et 1908 qui semblent aujourd'hui le dernier mot de la science économique nous paraîtront à leur tour aussi démodées que leur sœur aînée.

C'est surtout dans le domaine de la question rurale qu'elles ne peuvent manquer d'affirmer bien vite leur insuffisance. La loi de 1894 ne la soupçonne même pas, la loi de 1906 l'aborde bien timidement ; enfin celle de 1908 dite « Loi Ribot » mais à la paternité de laquelle M. Siegfried a aussi des droits indiscutables, fait un pas en avant en concédant à l'ouvrier agricole d'abord 25 ares et ensuite un hectare de terrain, ce qui fait entrer la question dans le domaine rural laissé de côté jusqu'ici. Cette concession peut d'ailleurs se transformer en un prêt de 1.200 francs qui, dans l'esprit de la loi, représente le prix de l'hectare.

Nous sommes encore bien loin, on le voit, du petit bien de famille de 12.000 francs dont nous avons étudié la constitution dans la première partie de ce travail ; tôt ou tard, cependant, on y viendra ; c'est une revendication qui s'impose.

II

La question législative et économique

――――――

« Il faut à l'ouvrier agricole son logis et son petit champ. »

Ainsi parle l'honorable M. Ribot dans une analyse de la loi du 10 avril 1908.

Nous sommes un des pays du monde où la propriété est le plus divisée ; que d'ouvriers agricoles cependant, dans nos campagnes, ne possèdent encore ni champ ni maison ; que d'ouvriers, dans les villes, en sont au même point et n'ont absolument rien à eux !

La loi du 30 novembre 1894 marque un premier effort pour mettre le foyer familial à la portée des travailleurs. C'est à elle que remonte cette grande pensée de l'émancipation par le travail, ou du moins le premier essai de sa mise en pratique ; à ce titre, ses promoteurs ont bien mérité des classes laborieuses, puisqu'ils leur ont ouvert l'accès à la propriété individuelle.

La loi du 12 avril 1906 a fait un nouvel effort dans ce sens, mais ce double effort n'a profité qu'aux ouvriers et employés dans les banlieues et le voisinage des agglomérations industrielles. Pour les ouvriers agricoles, rien n'avait encore été prévu.

Dans les campagnes, en plus de ceux qui ne possèdent rien, il y a aussi ceux, relativement nombreux, qui ont reçu, dans leur part d'héritage, un champ, sans maison, et n'ont pas les quelques milliers de francs nécessaires pour l'édification des bâtiments ruraux indispensables à la mise en valeur et l'exploitation de ce champ. Ceux-là sont bien obligés de vendre à vil prix leur terre inutilisable et de grossir le nombre des malheureux qu'attire vers les villes le mirage des gros salaires. Nombreux, très nombreux, sont cependant ceux qui ont gardé l'amour de la terre ; donnons-leur les moyens d'y vivre et de s'y reproduire.

La Société des Agriculteurs de France s'est émue de cette situation et a protesté contre l'ostracisme de la loi de 1894 qui exclut de ses dispositions bienveillantes quiconque possède une propriété, si petite qu'elle soit.

C'est là, en effet, le défaut capital de cette loi, qui semble oublier, de parti pris, une fraction si importante de la population et non la moins intéressante. Un second reproche aussi fondé qu'on peut lui faire est d'avoir limité à 4 % les dividendes des Sociétés de constructions qui se réclament de sa tutelle. Sous prétexte que la philanthropie ne doit pas être une affaire, elle a, de ce chef, paralysé l'action de l'initiative privée et nous a conduits à la nécessité de solliciter de l'Etat des concours pécuniers qui seront toujours insuffisants, comme nous le verrons, en étudiant le mécanisme de la loi de 1908.

Que n'avons nous profité de l'exemple qui nous est venu d'Angleterre où l'initiative privée a fait des merveilles *aussi longtemps que l'œuvre des habitations a été laissée aux mains des Sociétés libres*, pour s'arrêter brusquement le jour où l'Etat a voulu s'en mêler, et ne reprendre qu'après l'abandon définitif de cet essai malencontreux.

On abuse trop chez nous, de cette estampille de l'Etat qui, sous le nom de contrôle, ou d'autorisation, reste plus ou moins fictive. Nous attendons beaucoup trop de l'Etat, auquel nous ne devrions réclamer que des facilités législatives, financières et administratives, permettant à l'initiative privée de marcher sans entrave dans les voies de solidarité. Comment le pourra-t-elle si vous ne lui laissez pas la liberté de son action ? Donnez-lui les ressources qui lui font défaut, consentez-lui des prêts avantageux comme cela se fait à l'étranger, notamment en Danemark. On y a voté, en 1900, une loi aux termes de laquelle l'Etat prête à 3 % aux agriculteurs les sommes nécessaires pour la constitution d'une petite ferme de quatre hectares et d'une valeur de six mille francs.

La ferme que nous réclamons pour nos ouvriers agricoles n'a que deux hectares et nous l'estimons 12.000 francs parce que nous faisons entrer le prix des bâtiments et de l'outillage dans cette éva-

luation ; ce qui ne se fait pas pour la
ferme danoise dont les six mille francs ne
représentent certainement que la valeur
des quatre hectares de terre. Nos prétentions, en somme, sont donc inférieures
de moitié à ce qui existe en Danemark,
en revanche, elles sont décuples de ce
que la loi de 1908 a pu obtenir du gouvernement.

Partant de ce principe que l'agriculteur
doit pouvoir se procurer par son travail
et son épargne un logis pour y fonder une
famille et un champ pour la nourrir, l'honorable M. Ribot, avec le concours de
MM. Siegfried et Strauss, a pu mettre
sur pied, non sans grandes difficultés, le
projet de loi qui a enfin sanctionné ce
droit à l'accès de la petite propriété individuelle.

« Nous avons voulu faire œuvre modeste, dit M. Ribot, et nous avons limité
à 1.200 francs la valeur du jardin ou du
champ à acquérir. L'acquéreur s'engage à
le cultiver lui-même, ou par sa famille ».

Cette dernière condition est très sage
et très bonne, mais la limitation à

1.200 francs nous paraît essentiellement vicieuse ; ce n'est pas avec un champ de cette valeur que l'ouvrier agricole pourra nourrir sa famille, et d'ailleurs, avant de la nourrir, il faut bien la loger ; il n'y a pas de famille sans foyer, il faut le nid avant la becquée et le nid rural à lui seul, ne peut s'édifier à moins de quatre mille francs. Votre libéralité ne s'étend donc pas à l'ouvrier agricole, mais se voit restreinte à l'ouvrier urbain qui veut se donner le luxe d'un jardin.

Certes, dans ces conditions, elle ne cesse pas d'être utile et méritoire, mais combien elle reste loin du but que vous vous êtes proposé, puisque vous avez la juste ambition de venir en aide à l'agriculture et d'enrayer l'exode vers les villes.

M. Ribot nous explique comment son projet de loi, si manifestement insuffisant, n'a pu prendre l'extension qu'il eût souhaité de lui donner. Il a rencontré au ministère des Finances une vive résistance à toute augmentation du chiffre de 1.200 francs ou des 25 ares de terre si timidement sollicités ; notons bien. qu'il ne s'agit pas de l'un et de l'autre, mais de l'un ou de l'autre. On ne semble pas aimer ni cultiver aux finances le *beati possidentes ;* on l'a bien prouvé dans la loi de 1894 en excluant de ses immunités et bénéfices, quiconque possède un pouce de terrain ou un embryon d'immeuble et, dans la loi de 1906, en limitant à un soupçon de jardin la dérogation à cette exclusion.

Toujours dans le même esprit, le ministre en 1908 insistait pour que la loi se bornât à assurer le foyer sans s'étendre à la ferme et au petit bien de famille.

Dans la première discussion, devant la Chambre, il a fini par se laisser arracher les 25 ares ; au Sénat, l'insuffisance de cette trop modeste concession ayant ameuté les esprits, le ministère finit par accorder un hectare. Certains sénateurs demandaient mieux, mais M. Strauss, rapporteur de la loi, fut d'avis qu'il fallait se hâter d'accepter : « Ce sera toujours une première étape, dit-il, plus tard, nous en ferons uue seconde ».

« Il faut, ajout-t-il, courir au plus pressé

et donner à l'ouvrier agricole, présentant des garanties sérieuses le moyen d'acquérir un champ et d'y bâtir sa maison ».

A cet effet, l'Etat met cent millions à la disposition des travailleurs ruraux ; aux conditions que nous indiquerons ci-après et dont quelques-unes seront bien difficiles sinon impossibles à remplir. L'Etat d'abord ne prête pas directement, mais par l'intermédiaire de Sociétés Régionales au capital de 200.000 francs, dont moitié sera versée, et qui toucheront de la Caisse nationale des retraites quatre fois la valeur du capital versé, ce qui leur donnera une disponibilité de 500.000 francs.

C'est le système belge que nous avons exposé plus haut, sauf que la Belgique prête directement aux Sociétés de construction, ce qui nous parait préférable, attendu qu'elles construisent mieux et meilleur marché que les particuliers et que cela permet de supprimer ce nouveau rouage des Sociétés régionales dont les rapports voulus avec l'Etat ne nous disent rien qui vaille.

Les Caisses de retraites plaçant à 3 1/2,

l'Etat qui ne prendra que 2% à ses emprunteurs ruraux charge son budget de 940.000 francs pendant 25 ans.

« J'aurais voulu, dit M. Ribot, qu'il eût avancé un milliard. Qu'est-ce que ce sacrifice en présence de la portée sociale d'une telle opération ? »

Les Sociétés régionales devront exiger de l'emprunteur qu'il fasse preuve d'honnêteté et de travail, ce qui se traduira par la réalisation d'une épargne du cinquième de la valeur de son terrain, soit 240 francs. S'il n'a pas cette somme, on lui facilitera les moyens de l'épargner en lui louant d'abord le lopin de terre qu'il convoite ; il devra, en outre, s'assurer sur la vie.

On semble s'être inspiré là, des règlements de la Société d'Épargne des Retraites que nous exposerons en détail dans la troisième partie de cette étude, et, dans ces conditions, ces Sociétés régionales deviennent, aux mains de l'État, de véritables Sociétés d'habitations ; en Angleterre, en Belgique, aux États-Unis, on préfère les Sociétés libres et on n'a pas tort, nous avons déjà dit comment et pourquoi.

En l'état, nous nous posons une question qui nous semble délicate. Comment avec les 1.200 francs, ou l'hectare de terrain qu'on lui avance, l'ouvrier agricole va-t-il pouvoir se bâtir une petite ferme et se procurer l'outillage agricole et le bétail nécessaires à sa petite exploitation ? Il n'aura pas la maison familiale la plus modeste à moins de 3.500 à 4.000 francs ; aux prix actuels, une vache et un porc, que comporte sa petite culture de un hectare lui coûteront au moins 500 francs, le fonds de roulement de sa culture sera de 125 francs et l'outillage le plus rudimentaire lui reviendra au même prix ; pour l'étable et la basse-cour, il faudra compter bien près de 2.000 francs ; total : 6.625 francs. Où trouvera-t-il ces six à sept mille francs si l'État lui avance le terrain ; et si c'est 1.200 francs qu'il reçoit en numéraire, que lui en restera-t-il, quand il aura acheté un hectare de terrain ?

« Cette première étape » selon le mot

très juste de l'honorable M. Strauss ne nous conduira, qu'à une impasse ; c'est ce que semble avoir compris M. Ribot quand il déplore que l'effort de l'État n'ait pas été porté de 100 millions à un milliard.

Cet effort décuplé qu'eût souhaité M. Ribot aboutirait exactement aux 12.000 francs que nous réclamions pour notre petit bien familial, avant de connaître son opinion ; on nous permettra quelque fierté d'être tombé si bien d'accord avec l'éminent homme d'État.

La plainte si discrète de M. Ribot sur l'insuffisance de la loi de 1908 ne fait que souligner le défaut capital de toutes les lois sociales votées depuis des années. Leurs tendances ont toujours été plus politiques qu'économiques, au grand détriment du bien social.

Nous en citerons un exemple dans la loi de 1884 sur les Syndicats auxquels on a refusé le droit de posséder qui assurait leur indépendance et leur créait une responsabilité qui les eût garantis contre les entraînements révolutionnaires. On a voulu que le syndicat fût à la merci du pouvoir, on en a fait un instrument et un rouage ministériel : aujourd'hui, l'instrument se retourne contre son maître, demain, peut-être, il l'abattra.

Toutes les lois récentes, économiques et sociales, portent la même tare politicienne et, pour ne parler que des lois sur l'habitation, celles de 1894, de 1906 et de 1908 en sont spécialement entachées.

Pour le démontrer, nous n'avons qu'à revenir à la discussion de la loi « Ribot ».

Mais il n'est pas inutile au préalable, de donner ici une analyse très succincte de cette loi, pour ceux qui n'en connaitraient pas le texte.

« L'article premier stipule : Tous les avantages prévus par la loi du 12 avril 1906 pour les maisons à bon marché, sauf exemption temporaire d'impôt. foncier, s'appliquent aux jardins et aux champs n'excédant pas un hectare. »

Ainsi pas d'exemption d'impôt, même temporaire pour la terre ! Que nous voilà loin encore de l'exonération totale que nous réclamons pour notre petit

bier de famille de 12.000 francs et au-
dessous.

Le même article impose, pour être
admis, aux bénéfices de la loi, les conditions suivantes :

« 1º La valeur locative ne peut dépasser les deux tiers du chiffre fixé pour la
commune par la commission instituée en
vertu de l'article 5 de la loi de 1906 ;

« 2º Le prix d'acquisition ne doit pas
dépasser 1.200 francs. »

Juste le dixième de ce que nous avons
établi nécessaire à la fondation du foyer
familial.

« 3º L'acquéreur s'engage à cultiver lui-
même ou à faire cultiver par sa famille. »

Cette fois, il n'y a pas d'objection, cela
est juste et logique.

L'article 2 prévoit des prêts à 2 % consentis par l'État aux Sociétés Régionales
de crédit immobilier, ayant pour objet :

« 1º De faire des avances hypothécaires pour achats de jardins et de champs
ou l'édification d'une maison à bon marché. » Oh ! combien ! 1.200 francs pour le
champ et la maison ! ! !...

« 2° De consentir des prêts aux Sociétés d'habitations à bon marché *constituées* selon la loi de 1906. »

Et allons donc ! hors de l'Etat, pas de salut, haro sur les Sociétés libres et foin de l'initiative privée. Que nous veulent ces gêneuses qui ont la prétention de marcher sans lisières !

L'article 3 stipule que l'emprunteur doit remplir les conditions suivantes :

« 1° Posséder 1/5 du prix du terrain ou de la maison pour servir de gage à son emprunt.

« 2° *Passer avec la Caisse Nationale d'Assurances,* en cas de décès, un contrat à prime unique dont le montant sera, le cas échéant, incorporé au prêt hypothécaire.

« 3° *Etre porteur d'un certificat administratif* constatant qu'il a été satisfait aux conditions des lois de 1906 et 1908. »

Cela est bien, mais pourquoi la *Caisse Nationale* si d'autres sont plus avantageuses pour l'emprunteur ? Pourquoi le *certificat administratif*, formalité de luxe, puisque la loi est obligatoire pour tous.

L'article 4 prescrit que « les Sociétés Régionales de Crédit devront se constituer sous la forme anonyme et au capital minimum de 200.000 francs, doit moitié versée. Les actions ne pourront être libérées de plus de moitié et les dividendes ne devront pas dépasser 4 %.

« Les sommes restant dues par une Société ne pourront dépasser le chiffre obtenu en ajoutant au quadruple de la partie versée du capital social, le montant de la partie non appelée. »

Cela veut dire, sans doute, que pour une Société au capital de 200.000 francs, l'Etat avancera 400.000 francs ce qui portera ses disponibilités nominales à 600.000 et effectives à 500.000.

L'article 6 fixe « le total des avances que consentira l'Etat à 100 millions. »

Nous avons déjà dit, à ce propos, les regrets discrètement timides de M. Ribot qui comprend bien qu'il eût fallu un milliard pour faire œuvre utile.

L'article 7 fixe « à 4 % l'intérêt de retard pour les remboursements à effectuer par les Sociétés de crédit régional et prévoit après trois mois, les poursuites du fisc. »

L'article 8 dispose « qu'une commission d'attribution des prêts sera nommée par décret et présidée par le ministre du travail ».

L'article 9 « règle les conditions de l'assurance sur la vie exigée de l'emprunteur ».

L'article 10 « dispose qu'un règlement d'administration publique assurera l'application des dispositions de la loi et fixera notamment les clauses obligatoires des statuts pour obtenir l'approbation ministérielle, le mode et le délai d'établissement du certificat administratif visé à l'article 3 et aussi les conditions des contrats avec la Caisse nationale visés aux articles 3 et 9. »

Que pense de ce luxe de formalités l'honorable M. Ambroise Rendu qui reproche, comme nous l'avons vu plus haut, à l'étatisme d'être partout une cause de paralysie.

Quant à la haute autorité de cette parole, nous pouvons joindre tant d'autres opinions également compétentes, nous nous ferions scrupule d'étendre nos propres critiques.

Laissons-les donc parler ; mieux que nous, ils vont nous montrer les défauts et l'insuffisance de cette loi, dans laquelle ils ne voient qu'un pis-aller, « une première étape », suivant le mot si juste de M. Strauss.

Dans son discours à l'assemblée générale de la Société Française des habitations à bon marché, M. Georges Picot insiste sur ce principe de ladite Société « de n'employer que des capitaux rémunérés et condamne l'action directe de l'État et des municipalités, surtout quand cette action se traduit par des subventions ou dons arbitraires qui faussent les prix, entravent l'initiative privée, et rabaissent celui qui en est l'objet ». Déjà, précédemment, il répondait à cette observation : « Qu'au début d'une Société, le dividende n'est que l'accessoire. » Non, messieurs, « c'est le principal » et l'éminent M. Leroy-

Beaulieu ajoute que : « C'est-là faire preuve de beaucoup d'expérience et de sens », il insiste sur l'urgence d'aller jusqu'à la limite légale de 4 % et si possible 4,50 % pour assurer le succès de l'œuvre.

Après avoir énuméré les diverses sources d'emprunt : Caisse des Dépôts et Consignations, Caisses d'épargne, Bureaux de bienfaisance, Hospices, M. Leroy-Beaulieu souhaite que la Société Française trouve, à la longue, dans le grand public des prêteurs, des fonds à 4 %. « C'est alors, messieurs, dit-il, que vous aurez franchi les portes de l'enfance et que votre œuvre sera parvenue à l'âge adulte ».

Un peu plus loin, il dit encore dans la même assemblée : « Votre œuvre, messieurs, doit aller bien plus loin que vos ressources. Avec les moyens dont vous disposez, vous pouvez construire quelques centaines de maisons, difficilement quelques milliers ; or, il y a en France, 9 millions de maisons d'une valeur totale de 50 à 55 milliards ; sur ce nombre, une bonne moitié a besoin d'être remplacée, rebâtie, étendue et complétée ; c'est là votre tâche et j'espère que vous pourrez la mener à bien. »

On voit que l'éminent économiste a des ambitions plus vastes encore que les nôtres qui fixent au chiffre de trois millions les petits biens de famille qu'il y a urgence de mettre à la portée des humbles et des modestes.

Enfin, M. Leroy-Beaulieu conclut : « La grande œuvre économique du XIXe siècle a été d'améliorer la nourriture populaire ; la grande œuvre économique du XXe siècle doit être d'améliorer l'habitation. Ce serait l'emploi de plusieurs milliards sinon de plusieurs dizaines de milliards qui feraient une énorme commande de produits et de main-d'œuvre et répandraient partout le bien-être, la santé et le contentement. »

« Ce sont des perspectives que certains jugeront chimériques, c'est cependant avec réflexion et conviction que je parle. Certes, vous ne pouvez, messieurs, vous charger seuls de cette œuvre gigantesque ; mais vous donnez l'exemple et vous serez suivis, même par ceux que ne conduit pas le génie de la bienfaisance et l'œuvre, entamée modestement par vous, se développera et atteindra la rénovation si nécessaire de l'habitation. »

Il faudrait ne pas savoir lire entre les lignes pour ne pas conclure de ces citations à l'insuffisance de la loi de 1908, à celle même de l'œuvre de la Société française, comme à l'inanité de l'action directe de l'Etat, dans la grande œuvre qui nous occupe.

Son avenir ne peut s'attendre que de l'initiative privée mise en jeu par des Sociétés libres auxquelles l'Etat doit donner sans compter un concours exempt de toute entrave administrative.

Ce concours pécunier de l'Etat nous semble indispensable au début, parce que nous ne partageons pas l'illusion de M. Leroy-Beaulieu sur la possibilité de trouver des fonds à 4 % chez le grand public des prêteurs. Quand une Société d'habitations pourra donner des dividendes de 5 %, même de 6 % et au-dessus, elle commencera à trouver dans le public le placement de ses actions et se suffira à elle-même. Aussi longtemps que ces dividendes seront pour les actions limitées à 4 % et au-dessous, elle ne trouvera pas de concours dans ce même public qui n'admet comme placement de père de famille que la rente ou les chemins de fer dont il ne tire que 3 % et même 2 1/2 %, mais qui ont gardé sa confiance, en dépit des conversions et autres opérations similaires.

En dehors de ces valeurs de tout repos, suivant son expression, il n'affectionne que les titres à gros rendements aléatoires qui séduisent son tempérament de joueur. Les kracks de l'Union Générale et du Panama, sans parler de ceux plus récents sont des exemples pleins d'enseignements.

Revenons à la loi de 1908 et continuons d'en rapprocher les textes des opinions formulées sur la matière par les gens compétents.

L'honorable M. Paul Strauss dit, au début de son rapport au Sénat : « La loi du 12 avril 1906, si elle a posé heureusement le principe de l'adjonction des jar-

dins ouvriers ne facilite pas l'acquisition
de la petite propriété terrienne.

« Pour opérer la péréquation entre les
villes et les campagnes, il y a lieu de re-
manier le régime de la propriété rurale et
de revenir à la proposition de M. Jules
Siegfried sur cet objet ».

Ce dernier, en effet, regrettant la lacune qu'il avait laissée s'introduire de ce
chef dans la loi de 1894, proposait dès le
11 mars 1897 à la Chambre, et le 4 avril
1898, au Sénat, une nouvelle loi tendant
à faciliter la constitution et le maintien de
la petite propriété rurale.

Ce faisant, il s'inspirait d'ailleurs des
principes qui ont toujours été les nôtres,
à savoir de l'urgence du retour à la terre,
seule ressource efficace pour les famé-
liques que l'encombrement des emplois
civils et des usines rejette à la rue.

L'honorable M. Ribot, de son côté, pénétré des mêmes sentiments a voulu s'associer à ces efforts et prendre corps à
corps le problème de la très petite propriété rurale.

« Si nous pouvons trouver le moyen,

dit-il dans son exposé des motifs, de rendre propriétaires, au moins de leur foyer,
et d'un jardin, tous les travailleurs qui
n'ont en se mariant, d'autre fortune que
leurs bras et leur bonne volonté, nous
aurons beaucoup fait pour répandre la
paix sociale et pour enrayer l'exode
vers les villes ; nous aurons rempli le
devoir qui incombe au législateur dans
une société fondée sur l'idée de fraternité. »

A cet effet, MM. Ribot et Siegfried ont
proposé d'étendre aux jardins et aux
champs ne dépassant pas 25 ares la plupart des avantages concédés par la loi de
1906 aux maisons à bon marché ; ils ont
prévu et demandé l'élargissement des
avances faites à 2 % par l'Etat dans ce
but ; ils ont demandé de porter à cent
millions le crédit de 40 millions consenti
par la loi du 17 novembre 1897 aux
Caisses Régionales de crédit agricole mutuel constituées d'après les dispositions
de la loi du 5 novembre 1892.

Dans la discussion devant la Chambre,
le ministère exigea en outre que la va-

leur de ces 25 ares ne dépasserait pas 1.200 francs.

Cette double limitation de surface et de prix a été justement critiquée. L'honorable M. Félix Martin, parlant de cette libéralité de 25 ares ou de 1.200 francs s'écria : « C'est misérable ! On donne à ces déshérités à boire dans un verre vide. » Il fait ressortir que, dans ces conditions, l'ouvrier des villes est bien plus avantagé que celui des campagnes et en conclut que pour retenir l'ouvrier agricole aux champs, il faut faire plus et mieux. Il a bien raison, car si le jeune ménage aidé pas des parents, peut se créer un foyer rural, ce foyer exigera bien plus d'espace que celui de l'ouvrier et coûtera sensiblement plus cher. En dehors du logis de la famille, il faudra prévoir l'étable pour la vache, indispensable à la campagne, le tect à porc, la basse-cour, une réserve pour l'outillage, etc., etc..... Comme conclusion, M. Martin demandait un terrain minimum de un hectare.

M. Fessard, se rapprochant plus en-

core de la vérité, fait observer qu'à Char-
tres, qui n'est pas un pays pauvre, la
superficie jugée nécessaire est de deux
hectares. On a vu plus haut que c'est
la contenance à laquelle nous nous arrê-
terons nous-même, pour notre petit bien
de famille.

Nous nous demandons vraiment comment on en arrive à se noyer dans de si
mesquines et oiseuses réglementations. Si
l'Etat veut et peut prêter 1.200 francs, ce
qui est insuffisant, d'ailleurs, à l'ouvrier
agricole, que ne lui laisse-t-il la faculté
d'employer cette avance au mieux de son
intérêt : qu'importe au Gouvernement
qu'il achète un pré, de la terre labourable,
de la vigne ou un bois ? S'il fallait une
limitation, celle en valeur était bien suffisante ; à quoi bon la compliquer de celle
en surface, qui ne convient pas du tout
aux exigences de la vie rurale ?

Quel mal y aurait-il si, avec vos
1.200 francs, un travailleur courageux,
achetait trois, quatre et même cinq hectares de terre ingrate qu'il amenderait
par des plantations, des drainages, des

irrigations et dont il parviendrait à qua-
drupler la valeur par la culture intensive ? Ne serait-ce pas à l'avantage de
tous, même de l'Etat ?

Le ministre des finances s'est refusé,
avec obstination, à rien retrancher de ses
exigences et a maintenu les deux limitations. Ce luxe de lisières et de précautions
ne peut que faire avorter misérablement
le peu de bien qu'on pouvait attendre de
la loi. La commission a dû s'incliner, bien
qu'à regret, devant les exigences du gouvernement ; elle a considéré qu'il était
d'un pressant intérêt de consacrer le
principe, sauf à attendre la pratique d'une
seconde étape législative.

Dès 1898, M. Siegfried, de plus en plus
pénétré de cette pensée, qu'il se devait
de réparer une injustice en appliquant
aux campagnes les dispositions de la
loi de 1894 en faveur de l'ouvrier des
villes, proposait d'appeler aux bénéfices desdites dispositions les petits domaines ruraux jusqu'à cinq hectares : ses
tentatives vers ce but n'ont pas été
mieux accueillies par le ministère des

finances, que les instances, pressantes cependant, des commissions de la Chambre et du Sénat, en particulier de M. Ribot.

Il est vraiment déplorable de voir notre gouvernement, réfractaire à des progrès d'économie sociale que nous voyons si largement facilités à l'Etranger. En Belgique, la loi de 1897, célles de 1900 et 1905 ont permis à bon nombre de cultivateurs de se créer de petites exploitations terriennes pour lesquelles, jusqu'à concurrence de la valeur de 10.000 francs, on a réduit de moitié les droits de mutation et d'inscriptions hypothécaires.

En Angleterre, des avantages analogues sont consentis par les lois de 1887, 1892, et 1907, aux petites propriétés dont la valeur imposable n'excède pas 1.250 francs.

En Danemark, l'Etat consent annuellement sept milllons de francs d'avances aux ouvriers agricoles pour la constitution de petites exploitations de cinq hectares et au-dessous.

Il n'est pas jusqu'à la Russie qui vient de concéder plus de quatre millions d'hec-

tares aux paysans à des conditions essentiellement modiques et fixées d'ailleurs
par des commissions locales.

La France fait des théories que l'étranger met en pratique. Quand donc nous
lasserons-nous de cette viande creuse et
saurons-nous tirer parti pour nous, et
à notre bénéfice, de toutes ces semences
que nous jetons aux quatre vents du
ciel ?

Si, du domaine métropolitain, nous
passions aux colonies, nous y constate-
rions, encore bien plus aiguë, cette maladie qui nous tient de travailler pour les
autres. Nos colonies nous coûtent fort
cher et ne rapportent qu'aux étrangers,
plus spécialement aux Allemands, qui y
font plus de commerce que nous.

Il faut bien dire qu'ils y sont étrangement favorisés par nos fonctionnaires
dont la morgue, brutale avec leurs nationaux, se transforme vite pour eux en miel-
leux sourires.

Nous avons l'air d'avoir des colonies
pour nos fonctionnaires et non des fonctionnaires pour nos colonies.

Mais revenons à la petite propriété qui, suivant le mot de Sismondi, « est une caisse d'épargne en nature, toujours prête à recevoir tous les petits profits et à utiliser les loisirs de la famille. » Michelet, dans son langage poétique, n'a-t-il pas dit aussi : « Une famille rurale, qui, de locataire devient propriétaire, récolte de son champ, une moisson de vertus. » On ne saurait donc trop encourager l'ambition terrienne chez nos cultivateurs. Dans ce sens, la loi de 1908 est une indication, et à ce titre, il la faut accueillir avec satisfaction en attendant une prochaine étape plus efficace. La loi de 1906 a voulu favoriser la culture maraîchère par l'établissement des jardins et des maisons individuelles ; celle de 1908 vient à son tour en aide à la culture fermière et ouvre une porte sur la constitution si désirable du petit bien de famille.

Cela est, sans doute, un heureux résultat ; mais, que de temps il nous a fallu pour en arriver là, et que d'années encore, sans doute, il nous faudra pour développer cet embryon ! Chez nous, l'idée avance toujours mais son application reste boiteuse.

Nous venons d'en voir un exemple frappant aux grandes manœuvres, où l'on a expérimenté des cuisines roulantes dont on s'accorde à dire le plus grand bien. En campagne, comme en guerre, ces cuisines mobiles qui peuvent, à toute heure et en tous lieux donner instantanément un repas chaud au soldat fatigué par une longue marche ou une pénible bataille, sont appelées à rendre de signalés services. Entre les mains d'un chef intelligent, il y a là, une révolution dans l'art stratégique.

On s'est donc étonné qu'une idée si simple ne soit pas venue plus tôt.

Eh bien ! elle est vieille de trente-huit ans cette idée. Nous l'avons mise à à l'étude en 1871 avec un appareil identique présenté par M. Peters. Nous fîmes, dès cette époque, un rapport très favorable, concluant à l'adoption. Le Comité du génie fit simplement rejeter nos conclusions. Combien d'autres idées dans le domaine militaire et dans tous les autsre, attendent depuis trente ans et souvent plus, d'être enfin mises en pratique. N'est-ce pas ce qui se produit encore dans le cas qui nous occupe et la petite propriété individuelle n'était-elle pas en germe, il y a soixante ans, dans la première maison ouvrière ? A quoi nous sert d'être l'éclair dans la conception, si nous sommes la tortue dans l'application ?

Nos voisins ont bien garde de tomber dans ce travers et ne laissent pas moisir ainsi leurs idées et même les nôtres.

Reportons-nous une dernière fois pour en faire la preuve, aux rapports de MM. Ambroise Rendu et Cacheux sur les travaux du Congrès International des habitions à Londres en 1907. Nous y verrons, qu'en Angleterre, « sous la pression de l'opinion et de l'intérêt publics » l'initiative privée, en matière de logements pour la classe pauvre ne reste jamais inactive et que le nombre des maisons qu'on lui doit dépasse déjà cent mille. Quand le sentiment des nécessités sociales s'est emparé d'un pays, il y fait des merveilles ; Sociétés anonymes, Sociétés coopératives, Sociétés de constructions emploient annuellement plus de 300 millions à l'œuvre de l'habitation à bon marché, pour laquelle capitaux et bonnes volontés s'unissent dans un effort persévérant.

« Le rôle des pouvoirs publics n'est pas moins actif ; ils subventionnent les Sociétés auxquelles les villes fournissent des terrains ; en Irlande, les municipalités ont construit 20.634 chaumières municipales d'une valeur de 3.750 francs l'une et les louent à raison de 1 fr. 60 par semaine. Enfin, l'Etat anglais étudie un projet d'avances de 900 millions par an « pour l'œuvre de l'habitation ».

On voit que ce chiffre se rapproche du milliard qu'eût ambitionné l'honorable M. Ribot, mais qu'il dépasse étrangement celui de cent millions qui vient de nous être voté.

M. Ferrand, que nous avons déjà cité, nous dit encore qu'en France, les lois relatives aux habitations à bon marché n'ont pas donné les résultats désirables. Suivant lui, malgré les facilités de crédit accordées aux constructeurs, le mouve-

ment n'a pas l'ampleur qu'on constate en
Angleterre, en Belgique et en Allemagne.

Peut-être aussi, pense-t-il, avec le très
distingué M. Cheysson, que les détaxes
accordées sont bien maigres puisqu'elles
ne dépassent pas 1 % du capital engagé
dans les constructions à bon marché.

Si nous revenons à la discussion de la
loi de 1908, nous entendons l'honorable
M. Fortier objecter que cette loi, qui a la
prétention de viser les ouvriers des villes
et ceux des campagnes, restera sensiblement impuissante pour ces derniers et
qu'il faudra se hâter d'en faire une autre
pour eux.

Cette observation est parfaitement fondée et c'est la meilleure critique qu'on
puisse faire de la loi.

Il faut reconnaître cependant que cette
dernière est un progrès, un pas en avant,
dans la solution de la question. La loi de
1894 ne visait que la maison ouvrière,
celle de 1906 donnait l'accès au jardin,
celle de 1908 ouvre une toute petite porte
sur la propriété rurale. Les deux premières autorisaient les Caisses d'épar-

gne et autres établissements financiers de l'Etat à consentir, à certaines
conditions, des prêts pour l'œuvre des
habitations ; mais il ne s'agissait là que de
simples invitations qui sont restées le plus
souvent lettre morte, tandis qu'avec la loi
de 1908 l'Etat entre dans la voie des
prêts directs. En somme, ce sont là deux
principes acquis : 1° Extension à la petite
propriété rurale des bénéfices de la loi ;
2° Avances directes du Trésor. Il s'agit,
maintenant, d'arriver à une efficace application de ces deux principes posés dans
la loi de 1908; souhaitons que la nouvelle
loi qui s'impose à cet effet, suivant
M. Fortier, ne se fasse pas trop attendre.

Souhaitons aussi de n'y pas retrouver
les limitations et les insuffisances que l'on
s'accorde à regretter dans celle de 1908.

Enfin, espérons qu'elle visera, ainsi
que le demande M. Strauss, la solution du
problème de la constitution du petit bien
de famille, insaisissable et indivisible, tel
enfin que nous le comprenons et le
réclamons.

L'idée marche, c'est incontestable ; déjà,

la discussion devant le Sénat a décidé le
Ministère des Finances à étendre de
25 ares à un hectare les terrains susceptibles de bénéficier des privilèges consentis par les lois à la petite propriété de
famille ; déjà M. Strauss réclame pour
elle, l'indivisibilité et l'insaisissabilité ;
déjà M. Ribot laisse entendre que, pour
être efficaces, les avances de l'Etat, devront être portées de cent millions à un
milliard ; déjà M. Siegfried voudrait voir
étendre à cinq hectares les limites du petit
bien de famille.

De là à admettre en outre l'incessibilité
et l'exonération d'impôts pour le petit
bien familial de 12.000 francs et au-dessous, comme nous le demandons, il n'y a
plus qu'un pas à faire, et il sera fait tôt
ou tard ; si nous ne voyons pas cette
réforme d'économie sociale, nos arrière-
neveux la verront certainement. Nous aurons semé le germe, ils récolteront le
fruit.

En terminant ce travail, auquel on
pourra reprocher d'être trop théorique, il
n'est pas inutile d'indiquer sommairement

les voies et moyens de sa mise en pratique.

Voyons donc, comment évoluerait une famille de cinq personnes, le père, la mère et trois enfants, c'est un minimum, dans le petit bien de famille dont nous avons proposé la constitution.

Il est bien entendu que son exploitation ne comporte que la petite culture à bras. Mais celle-ci, suivant les milieux, se subdivise en culture maraîchère et en petite culture fermière.

Dans le premier cas il suffira d'un arpent, soit 5.000 mètres de terrain ou demi-hectare pour nourrir les cinq personnes et même apporter une certaine aisance dans la famille. En général, cette exploitation exclut la vache et la basse-cour, en raison des dégâts qui résulteraient de leur présence au centre d'une culture maraîchère. Quand on voudra faire exception à cette règle, il faudra les loger en dehors et sans communication possible avec elle ; à cet effet on devra leur consacrer un autre arpent de terrain et des locaux particuliers et bien clos. Il

y a parfois avantage à en user ainsi pour
l'utilisation des résidus de la culture ;
mais en général, les maraîchers préfèrent
vendre ces résidus à des voisins qui s'occupent plus spécialement de l'exploitation
des produits de l'étable et du poulailler.
Il est assez rare de voir cumuler.

Il est bien entendu que la culture maraîchère s'entreprend de préférence dans
les banlieues à proximité des grands centres où ses produits trouvent leur dé-
bouché.

Dans le second cas, pour suffire aux
besoins de cette famille de cinq membres,
il faut deux hectares de terre, traités par
la méthode intensive, et dans les proportions suivantes : 1 hectare en fourrages
artificiels, 1/2 hectare en jardin, plantes
légumineuses et fourragères et 1/2 hectare en blé ; il faut avoir soin d'alterner
ces cultures et de fumer après la récolte
du grain. Dans ces conditions, la petite
ferme donnera le pain et les légumes
pour la famille et pourra entretenir deux
vaches, un porc et une basse-cour, dont
les produits suffiront aux autres besoins.

Avec de l'ordre et de l'économie, surtout si la famille augmente, la petite ferme se développera avec les bras qui la mettront en valeur.

Pour ce qui est de la moyenne culture, avec ouvriers ou métayers, charrues et machines agricoles, à traction animale, nous n'avons pas à nous en occuper ; elle ne rentre pas dans notre cadre, encore moins la grande culture. Qu'il nous soit permis de dire, cependant, que, là aussi, il y a beaucoup à faire pour améliorer le rendement de la terre.

Initiative Privée

Œuvre personnelle de la Société d'Épargne des Retraites et de sa Filiale, la Société Foncière d'habitations salubres, urbaines et rurales.

Cette étude resterait incomplète si nous ne donnions un exemple de ce que peut, réduite à ses seuls moyens, cette initiative privée sur le rôle de laquelle nous avons tant insisté.

Nous trouvons cet exemple dans l'œuvre, toute personnelle, de la Société d'Épargne des Retraites et de sa filiale, la Société Foncière d'habitations salubres, urbaines et rurales.

Voyons donc quel est l'objet de ces deux Sociétés et ensuite, ce qu'elles ont fait dans le domaine de l'habitation pour faciliter l'accès à la petite propriété individuelle.

I

Société d'Épargne des Retraites

Cette Société, véritable mutuelle en participation, a été fondée en 1890 par M. Auby, l'économiste distingué qui, depuis dix-huit ans, la dirige avec une incontestable compétence.

Ce qui la distingue essentiellement de toutes les autres Sociétés, qui avaient, avant elle, entrepris de capitaliser l'épargne, c'est la faculté qu'elle donne à ses Sociétaires ayant versé le quart du montant de leur souscription, de demander en cas de besoin, des avances ou remboursements sur le crédit de leur livret, au-dessus de ce quart.

C'est encore la facilité de pouvoir suspendre les versements et les reprendre au gré du Sociétaire, sans encourir de ce chef aucune déchéance.

Ces deux idées, merveilleusement fécondes, et qui prévoient, avec autant de sollicitude que d'habileté, les besoins éventuels de l'épargnant, appartiennent bien en propre à la Société d'Épargne des Retraites. Nous n'en avons trouvé nulle part de similaires, sauf une certaine analogie avec le mode de fonctionnement des Caisses d'Épargne de l'État. Sans doute le fondateur de l'œuvre y avait songé, car il la dénomme dans l'origine « *Caisse* d'Épargne des Retraites ».

Sans doute aussi, on prit ombrage, en haut lieu, de ce semblant d'envahissement du domaine intangible de l'Etat par l'initiative privée, car, pour obéir aux ordonnances de la loi du 20 juillet 1895, M. Auby dut substituer au mot « *Caisse* » le mot « *Société* » à partir du 1er janvier 1896.

Il n'y avait cependant pas de confusion possible, car l'entreprise en question a un caractère de mutualité, d'association et de participation qui fait absolument défaut aux Caisses d'épargne de l'État, lesquelles se bornent à faire fructifier les dépôts qui leur sont confiés, comme le ferait tout établissement de banque.

Ce rapide aperçu suffira à faire ressortir les rares qualités économiques de la Société d'Épargne des Retraites, fondée sur des données neuves et d'une haute portée sociale ; aussi ne faut-il pas s'étonner si elle a été si souvent démarquée et copiée depuis qu'elle existe.

Nous n'insisterons pas sur ce qu'a coûté de soins, de travail et d'argent, l'organisation du service des agences sur toute l'étendue du territoire, France et colonies.

Pour faire face, à forfait, à ces frais de premier établissement et à tous les autres frais généraux quelconques de la Société, le directeur général a reçu une allocation statutaire de 10 % du montant des souscriptions. Sur cette allocation, il a consacré 6 % à la rémunération de la production en indemnisant les Inspecteurs régionaux, les Directeurs départementaux, les Agents généraux, etc., etc., gardant la charge avec les 4 % restant, de pourvoir à tous les autres frais.

Depuis deux ans, M. Auby jugeant la Société en état de se suffire à elle-même et peut-être lassé des sourdes et ridicules critiques qui s'attaquaient à son mandat forfaitaire, a demandé à l'assemblée générale extraordinaire de 1907 la dénonciation de son forfait.

Depuis, la Société a pris la charge directe de ses frais généraux qui continuent à être administrés par le Directeur général lequel, en échange de son allocation statutaire, reçoit un traitement proportionnel à la production. Dans ces conditions le Directeur général est débarrassé d'un souci qui souvent était une entrave, et tout permet de prévoir que, sous cette nouvelle forme, la Société d'Epargne des Retraites poursuivra sa marche progressive dans la voie de la prospérité qui a signalé ses débuts.

Le but de cette œuvre est d'encourager et de faciliter l'épargne par la formation d'un capital espèces au moyen de versements facultatifs d'un minimum de 5 fr. par mois, en dix, quinze ou vingt ans, à la volonté du souscripteur.

Ce capital, augmenté des intérêts composés, lui est versé à l'expiration de son contrat s'il ne préfère l'affecter :

1ᵘ A s'assurer une retraite ou une rente viagère. En ce cas, la Société dépose le capital acquis à la Caisse Nationale des Retraites pour la vieillesse, sous la garantie de l'État ou dans une autre caisse, autorisée par l'Etat pour ce genre d'opérations.

Les personnes trop agées pour faire des versements pendant 10, 15 ou 20 ans peuvent souscrire un contrat libéré en versant, en une seule fois, la somme voulue pour une rente immédiate.

2' Constituer une dot aux enfants.

Cette prévoyance est un devoir pour les parents qui assurent ainsi l'avenir des leurs et s'épargnent une douloureuse préoccupation. Dans presque toutes les Compagnies d'assurances, on fait cette même opération, mais en cas de prédécès de l'enfant, les sommes versées sont perdues pour le père de famille à moins de payer une forte surprime ; la Société d'Epargne, au contraire, lui rembourse le crédit excédant des frais statutaires, ou mieux encore, lui continue son contrat et tous ses bénéfices, jusqu'à expiration, soit à son

profit personnel, soit sur tout autre tête
qu'il lui plaît d'indiquer.

3° A l'acquisition d'une maison individuelle ou d'un petit bien de famille.
Nous aurons à y revenir pour expliquer
le mécanisme spécial de cette opéra -
tion.

Pour le moment, il est bon de faire observer que, contrairement aux Compagnies d'assurances, dont les combinaisons
ont pour pivot essentiel la durée de la vie
humaine, la Société d'Epargne des Retraites se meut dans le domaine de l'épargne
pure, sans souci des circonstances de
prédécès et de survie qui peuvent se pro-
duire puisqu'elle prolonge au profit de
qui bon leur semble les effets de l'acte de
prévoyance de ses sociétaires. C'est également ce caractère qui la distingue radicalement de toutes les Sociétés à base
tontinière chez lesquelles les sommes versées par les décédés restent acquises aux
survivants.

A ce double point de vue, les grands
spécialistes qui lui ont rendu hommage
ont été d'avis qu'on ne pouvait que s'in-

cliner devant la haute moralité de cette
œuvre.

C'est ainsi que M. Astresse, avocat à la
Cour d'appel, membre de la commission
des Sociétés d'Epargne et de Capitalisation au ministère du commerce, relevait
vertement une attaque venimeuse lancée
contre cette Société, par un petit journal
financier :

« La Société d'Epargne des Retraites
est sortie à son honneur, — il y a déjà
longtemps, — des difficultés qui assail-
lent à leurs débuts, les œuvres de mutualité. Par la correction de son administration, par la sécurité de ses placements,
par ses taux de répartition approchant
actuellement 6 %, elle a aujourd'hui conquis définitivement la confiance du public.
Ce sont là, évidemment des griefs impar-
donnables aux yeux des envieux, des con-
currents et des marchands de publicité
éconduits. »

« En somme, les campagnes de presse
ne sont jamais que la consécration du
succès, et l'expérience m'a appris qu'elles
n'ont jamais réussi à l'enrayer. »

Il nous serait facile de multiplier les attestations de ce genre, cela nous paraît inutile ; nous croyons avoir assez montré la valeur morale de la Société d'Epargne des Retraites, dont nous n'avons d'ailleurs à nous occuper ici qu'au point de vue du rôle important qu'elle a joué dans le problème de l'habitation individuelle.

Avant d'en venir là, nous croyons cependant utile de répondre à une fréquente objection qui se pose sur les opérations de ladite Société.

Comment, dit-on, plaçant les fonds de ces sociétaires en rente nominatives sur l'Etat, donc à 3 %, peut-elle arriver au taux de répartition de 6 % dont nous parlons plus haut ?

Le Directeur général, dans un rapport au ministre du Commerce, datant déjà de quelques années, démontre qu'un « appoint considérable est fourni par la capitalisation normale des intérêts composés et des indemnités payés par les remboursements anticipés. »

Ces sommes sont acquises, en effet, à la masse sociale, et les défaillants participent à leur rendement *au prorata* de l'excédent des frais statutaires.

Le nombre d'avances ou remboursements anticipés étant très élevé, il en résulte au profit de la masse, une source importante de bonification. C'est précisément là que gît le mécanisme spécial de cette mutualité, dans laquelle l'intérêt de l'individu n'a d'autre limite que l'intérêt supérieur de tous, ce qui est strictement équitable, puisqu'il y a contrat librement consenti à cet effet entre les adhérents.

Si nous insistons sur cette argumentation, c'est qu'il s'agit du point essentiel de cette combinaison de mutualité ; ce point bien compris et bien établi, la Société d'Epargne des Retraites paraîtra à tous, ce qu'elle est en réalité, une maison de verre où tout se fait au grand jour, loyalement et honnêtement.

Dans le même rapport, M. Auby dit encore :

« Par la conversion de ses fonds en titres de Rentes sur l'Etat et par le service des retraites effectué par la Caisse Nationale des retraites pour la vieillesse, la Société d'Epargne des Retraites n'est en réalité qu'un auxiliaire naturel de l'Etat.»

Et plus bas :

« La Société d'Epargne des Retraites diffère déjà des Sociétés tontinières en ce sens que la part des décédés ne profite jamais à la masse sociale, mais bien aux héritiers. Mais elle accentue encore cette différence par une disposition qui ne se trouve dans aucune autre Société de capitalisation, c'est le remboursement anticipé. Ses engagements ne sont donc pas à long terme puisque ses contrats peuvent être liquidés tous les jours à la demande des intéressés qui suspendent et reprennent leurs versements à leur gré... »

Un peu plus loin encore, M. Auby expose très nettement, le mécanisme des retenues. Ici nous devons citer in-extenso :

« Les remboursements anticipés sont soumis à certaines règles prévues par les statuts, car il serait impossible à une mutualité de fonctionner régulièrement, de payer ses agents et ses frais généraux si tous ne participaient pas à un certain quantum des charges sociales. »

« Aussi, les statuts ont sagement édicté :

« L'obligation de verser 15 % de la souscription avant de pouvoir suspendre les versements et d'avoir effectué le quart de la souscription pour avoir droit au remboursement anticipé.

« Les raisons de ces obligations sont :

« A. — Les 15 % sont exigés pour garantir un minimum de mise sociale sur lequel les frais généraux sont prélevés et le surplus être capitalisé au profit du sociétaire pour lui être versé à la liquidation définitive de son contrat.

« B. — Le quart de la souscription est exigé pour avoir droit à des remboursements anticipés, d'abord pour les mêmes motifs exposés ci-dessus, ensuite pour obliger l'adhérent à réserver une partie de son épargne et la soustraire aux tentations des emplois prématurés.

« C'est ainsi que l'adhérent ainsi remboursé des sommes libres de son compte, n'en reste pas moins participant, qu'il reprennent ou non, ses versements, car il continue à bénéficier des opérations sociales jusqu'à la date fixée pour l'expiration de son contrat.

Si on compare cette façon d'opérer avec celle des œuvres similaires ou établissements de prévoyance, qui, non seulement, ne remboursent pas par anticipation, mais encore imposent des clauses de déchéance, en cas de cessation de paiements, on reconnaîtra que la Société d'Épargne des Retraites a établi des Statuts sur des bases véritablement libérales.

Voici enfin la conclusion de cet important rapport :

« Nous savons, dit M. Auby, que pour répondre à la demande de l'opinion publique, si fortement émue par les désastres financiers récents, la commission gouvernementale serait d'avis d'imposer à toutes les Sociétés d'épargne et de capitalisation, le contrôle de l'État (1).

« Nous ne pouvons que nous associer à ce vœu, déclarant, en ce qui nous con-

---

(1) Cette loi a été votée mais elle a dispensé les Sociétés purement d'épargne de ce contrôle, car leurs opérations ne font courir aucun des risques pour la préservation desquels la loi a été faite.

cerne, nous soumettre avec empressement à ce contrôle qui, en augmentant la garantie des sociétaires, donnera à notre Société l'appui moral qu'elle mérite. »

Cela est parfait, et on ne peut qu'approuver la Société d'Épargne des Retraites de demander ce contrôle dont d'autres *se réclament*.

Nous terminerons cet exposé du caractère tout spécial de la Société d'Épargne des Retraites en citant un arrêt de principe du Conseil d'État, en date du 17 décembre 1898, déboutant l'administration des contributions qui lui imposait patente.

Cet arrêt conclut :

« Considérant qu'il résulte de l'instruction que la Caisse d'Èpargne des Retraites, aujourd'hui dénommée « Société d'Épargne des Retraites », *constitue une Caisse d'Épargne et de prévoyance*, aux termes de l'article 17 paragraphe 4, de la loi du 15 juillet 1880..., que dès lors, c'est avec raison que le Conseil de Préfecture lui a accordé décharge de la contribution des patentes...

« Décide :

« Article 1er. — Le recours du ministère des finances est rejeté.

« Article 2. — Expédition de la présente décision sera transmise au ministre des finances. »

Voilà qui établit péremptoirement le véritable caractère de haute moralité sociale de la Société d'Épargne des Retraites ; nous nous garderions d'y rien ajouter et nous passons à son œuvre personnelle dans le domaine de l'habitation.

II

Société Foncière d'Habitations Salubres
Urbaines et Rurales

C'est en 1901 que la Société d'Épargne
des Retraites, pénétrée de ce principe
indiscutable que le foyer salubre est la
meilleure sauvegarde de la famille et le
plus sérieux ennemi de l'alcoolisme et de
la tuberculose, résolut de chercher les
moyens d'en faciliter l'accès à ses adhérents.

La plus grande partie de ses clients se
trouvant répandue dans les campagnes,
sur tout le territoire de la France et des
colonies, elle dut songer la première à
étendre aux ouvriers des campagnes le
bienfait de la maison individuelle à laquelle on n'avait jusque là songé que
pour l'ouvrier des villes.

Dès lors, le foyer familial lui parut
devoir revêtir, aux champs, la forme du

petit bien rural qui, cultivé à bras par la famille, lui donne la nourriture en même temps que le couvert.

Cette première condition, essentielle pour sa clientèle rurale, interdit dès le premier jour à la Société de réclamer les bénéfices de la loi de 1894, puisqu'une lacune de cette loi, déjà signalée par nous, exclut de ses dispositions bienveillantes tout possesseur d'immeuble si infime qu'il soit.

Comment, dans ces conditions, édifier le petit bien familial nécessaire aux participants de la Société d'Épargne des Retraites ?

Ce n'est donc pas de parti pris, encore moins dans un sentiment d'hostilité que cette Société a dû se priver de certains hauts concours, mais bien parce que les conditions en étaient incompatibles avec l'œuvre qu'elle se proposait.

C'est ce qui faisait dire à l'honorable M. Cheysson dans une de ses conférences sur les avantages de la loi de 1894 : « Il est des Sociétés d'habitations et des plus importantes, qui fonctionnent en dehors de la loi de 1894 parce qu'elles ont préféré leur indépendance aux maigres faveurs de l'Etat ! »

D'un autre côté, nous trouvons le Comité supérieur des Habitations à bon marché trop exclusif. Hors de l'État il n'y a pas de salut, dit-il.

Parole imprudente, infirmée d'ailleurs par maints exemples encore en la mémoire de tous...

Cette exclusivité s'affirme quelquefois au grand jour. C'est ainsi qu'on peut lire dans la *Petite Gironde* du 22 mai 1908, l'entrefilet suivant :

LES HABITATIONS A BON MARCHE
Conseil supérieur

« L'attention du Conseil supérieur a été
« ensuite appelée par M. Cazalet sur la
« création de diverses Sociétés d'Habita-
« tions à bon marché dont le but ne pa-
« raît pas être inspiré par des motifs de
« philanthropie, et il a demandé quels
« étaient les moyens de permettre à l'opi-
« nion publique de s'en rendre compte.
« Le Conseil supérieur a émis l'avis que

« le meilleur moyen, pour éviter des
« confusions regrettables, était de mettre
« en relief l'approbation officielle des
« statuts des Sociétés, par le ministre du
« travail. »

Nous trouvons dans cette note tendan-
cieuse, un caractère de généralité qui a
certainement dépassé la pensée du Comité supérieur. Il serait mauvais d'abuser
ainsi de l'estampille de l'État qui n'est
pas toujours une garantie, comme nous
l'avons démontré au cours de cette étude,
et il nous suffira de rappeler le mot de
M. Ambroise Rendu : « L'étatisme est une
cause de paralysie », et celui de M.
Georges Picot : « Le dividende, c'est l'essentiel », pour remettre la question au
point et conclure, comme nous l'avons
déjà fait, que la meilleure des œuvres
philanthropiques, est celle qui est en
même temps une bonne affaire parce
qu'elle en tire force et vitalité.

En matière d'économie sociale, Solidarité ne veut pas dire Charité, et les efforts
associés ne perdent rien de leur vertu,
pour être rémunérés suivant leur mérite.

Nous savons de bonne source que la Société d'Épargne des Retraites n'est pas visée dans l'entrefilet ci-dessus, car le ministère du travail d'une part, et la Société Française d'Habitations d'autre part, ne manquent pas de renseignements sur la Société d'Épargne des Retraites qui a fait l'objet d'études spéciales tant au Conseil supérieur qu'aux séances du Conseil d'administration de la Société que préside M. G. Picot.

Mais nous ne pouvons nous empêcher de trouver étrange la distinction que croit devoir faire l'honorable M. Cazalet.

Combien il eut été plus exact de dire : Que seules les Sociétés privées ou reconnues par l'État, qui, pour le prix d'un loyer ordinaire, dotaient le travailleur d'un toit familial, étaient des œuvres véritablement philanthropiques.

Par contre, ce titre ne pouvait être accordé à des Sociétés même reconnues par l'État, qui ne cherchaient d'autre solution à la question sociale que de faire décorer leurs administrateurs ou d'autres satisfaction d'amour-propre sans plus s'occuper de la construction de maisons que si nous étions revenus au temps des Troglodytes !

Le but de la Société d'Epargne des Retraites est de mettre à la portée de tous le minimum de bien-être que la Société actuelle doit à ses membres et de le faire, par des moyens pratiques, pacifiques et moraux, qui substituent l'évolution à la révolution dans la solution du problème social.

Amener d'une façon légale et honnête le prolétaire à l'état de propriétaire, c'est faire de lui un gardien rigoureux de l'ordre et de la morale.

La Société d'Épargne des Retraites a donc collaboré à l'apaisement social en cherchant à faciliter l'accès du foyer dans les villes et du petit bien de famille dans les campagnes.

Son caractère de mutualité lui faisait une obligation toute naturelle de concentrer ses efforts dans le domaine de ses participants et de leur demander leur adhésion et leur concours à cette nouvelle forme de l'utilisation de leur épargne.

C'est ce qu'elle a fait à son assemblée générale de 1902 qui l'a autorisée à employer en petites maisons de famille une partie de ses arrérages.

De ce jour, elle a pu mettre sur pied quelques maisons. Bientôt les demandes d'habitations sont devenues si nombreuses dans sa clientèle, qu'il fallut songer à augmenter ses ressources pour y satisfaire ; à cet effet, elle proposait à son assemblée générale de 1903, la création d'une Société Filiale, dite « Société Foncière », dont le capital susceptible de s'augmenter suivant les besoins, serait exclusivement affecté à la construction.

Pour préparer les voies à la Société Foncière, la Société d'Épargne des Retraites a voulu prendre part à la grande Exposition de l'Habitation du Grand Palais en 1903. Elle y exposa donc une maison modèle et un grand nombre de projets et de plans provenant d'un concours ouvert par elle dans l'architecture, pour établir des types d'habitations suburbaines et rurales.

Le grand diplôme d'honneur obtenu à cette Exposition et les trois médailles d'or précédemment décernées par diverses Expositions d'économie sociale à cette Société, l'ont mise à la tête des associations d'Épargne et de prévoyance.

Simultanément, les demandes de constructions affluaient et dépassaient bientôt plusieurs millions. Il devint urgent, pour y faire face, de former un capital important susceptible de s'augmenter suivant les besoins sociaux.

De nombreuses propositions se produisirent alors, venant de financiers qui, comprenant l'avenir de cette affaire, cherchèrent à en canaliser les bénéfices à leur profit. On offrait quatre, cinq et même jusqu'à dix millions, mais ceux qui garantissaient ces fonds avaient des prétentions telles que leur admission eût lourdement grevé la nouvelle Société ; d'autres, dont les appétits semblaient moins inadmissibles, n'offraient pas assez de surface pour la garantie de l'émission.

Après deux années de tentatives et de

pourparlers inutiles, la Société d'Epargne des Retraites résolut pour constituer le capital de la Société Foncière, de placer elle-même les actions par les soins de ses agents, et dans sa clientèle.

Dans ces conditions, mettant son personnel et son organisation au service de la Société naissante, il était à la fois juste et nécessaire que la Société d'Épargne trouvât une compensation dans les opérations de la Société Foncière, en même temps que celle-ci trouvait ses moyens d'action et sa sécurité dans celles de la première.

Ce problème, assez difficile, a cependant trouvé sa solution dans cette combinaison que la Société Foncière ne bâtirait que pour des adhérents de la Société d'Épargne.

De cette façon, tout demandeur de maison est tenu de faire un contrat d'Épargne, lequel est d'ailleurs une garantie de ses engagements pour la maison.

Il en est résulté que la Société d'Épargne a vu promptement doubler le chiffre de ses affaires et que, par contre, elle a apporté à la Société Foncière une vitalité et des facilités qu'elle n'eût pas trouvé ailleurs.

Les deux Sociétés se prêtent ainsi un mutuel concours qui leur assure un avenir prospère. Cette prospérité ne peut, en effet, que croître avec le chiffre de leurs affaires, les frais généraux ne devant pas sensiblement augmenter avec une organisation aussi puissante que celle dont elles disposent sur toute l'étendue du territoire.

Pour faciliter le rôle de leurs agents, les deux Sociétés, à l'instar de ce qui a si bien réussi en Belgique, créent dans les grands centres, à côté d'eux, des Comités de patronage locaux dont la mission est d'encourager la construction de maisons à bon marché. Ces comités, qui font appel à l'initiative privée, ne peuvent que donner un précieux concours aux comités gouvernementaux présidés par les préfets et visant le même but, trop théoriquement peut-être.

Revenons à la constitution de la Société Foncière : le placement de ses actions,

dans une clientèle de petits épargnants, a
été moins rapide qu'à l'aide des concours
financiers cités plus haut, mais bien autrement économique. Le premier million
s'est trouvé absorbé et au-delà par les
constructions des deux premières années.

En 1907, une assemblée générale extraordinaire a voté, dans les mêmes conditions, une augmentation de un second
million et simultanément la créatiou de
un million d'obligatious 4 % hypothécaires dont nous aurons à reparler.

Toutefois, pour faciliter les progrès de
la Foncière, la Société d'Épargne a décidé elle-même, sur avis unanime de son
assemblée générale extraordinaire, d'admettre dans son portefeuille un certain
nombre de ces obligations d'un revenu
de 4 %, ce qui ne peut que bonifier son
taux de capitalisation, et en outre, d'au-
toriser, sur demande formelle des clients
qui réclament une maison, l'emploi direct
de leurs versements aux constructions de
la Société Foncière. Dans ces conditions,
celle-ci peut poursuivre ses travaux en
toute sécurité.

Nous devons ici, pour faire comprendre le mécanisme de ces opérations, exposer comment l'assemblée générale constitutive a réglé le classement et le tour d'attribution des maisons à ses clients.

En principe, pour prendre rang sur la liste, il faut verser le quart de la valeur de l'immeuble demandé. Il est bon, en effet, de poser les bases de la propriété sur l'Épargne, c'est le moyen de la rendre sacrée et intangible. Ce double caractère doit s'appliquer surtout à la petite propriété, fruit du travail et de l'économie, à ce foyer de famille, en faveur duquel la Chambre des députés a fini par voter ce « homestead », cette loi de protection qui en Angleterre et en Amérique, a donné de si précieux résultats. Par cette loi, le bien de famille est déclaré insaisissable, sauf par le vendeur du terrain ou les constructeurs de la maison non payés. C'est la consécration de la petite propriété familiale, c'est sa protection sous l'égide de la loi. Cette loi s'applique merveilleusement aux opérations des deux Sociétés qui nous occupent.

Le versement du quart se fait au comptant ou à tempérament, en une seule ou plusieurs fois.

Pour une maison de huit mille francs par exemple, le client doit verser 2.000 francs soit en signant son contrat, soit en prenant sur ledit contrat des engagements de versements périodiques.

Du jour où le quart est acquis, le sociétaire prend rang utile sur la liste d'attribution des maisons. S'il n'apporte pas son terrain, la Société le lui fournit et, une fois la construction faite, le met en possession au moyen d'un bail avec promesse de vente dont les conditions sont fixées dans ledit contrat.

Jusqu'à ce jour la Société n'a encore fait que peu d'opérations de ce genre, car ses adhérents, plus nombreux dans les campagnes, apportent généralement leur terrain, ce qui est une garantie, en plus de celle du quart et leur donne droit de ce chef à un tour de priorité, c'est le cas de la plupart des immeubles qu'elle a bâtis jusqu'à présent.

Quel que soit le mode d'attribution

choisi, la Société Foncière ne prend jamais, cela est formellement stipulé dans ses contrats, d'engagement ferme quant à la date où elle donnera l'immeuble demandé.

Elle s'est fait une règle absolue de ne pas engager d'opérations excédant ses disponibitités et de suivre toujours scrupuleusement le tour de la liste d'attribution dans chaque catégorie.

Des recommandations expresses sont donc faites à ses agents, de ne jamais promettre de date pour la construction d'un immeuble.

C'est par cette rectitude et cette loyauté que la Société a pu acquérir une situation morale qui la distingue de beaucoup d'autres, dont les fondateurs sont d'ailleurs parfois sortis de chez elle, pour s'affranchir de ses règlements jugés trop sévères, et attirer à eux la clientèle par des promesses impossibles à réaliser.

Il ne suffit pas, en effet, de promettre la construction immédiate d'une maison, une fois le quart versé, il faut aussi disposer des trois autres quarts à payer aux entrepreneurs.

La Société d'Épargne et sa filiale, la Foncière, ont évité ces agissements dangereux. Au risque de mécontenter des clients, même de les perdre, elles ont préféré les faire attendre, suivant les exigences de leurs disponibilités. On a été jusqu'à répandre dans le public des bruits tendant à faire croire qu'elles ne bâtiraient jamais. Elles ont laissé dire et n'ont répondu à ces calomnies que par le sage et prudent développement de leur œuvre, toujours limité à leurs ressources.

Elles recueillent aujourd'hui le fruit de cette scrupuleuse droiture, car elles commencent à être bien connues.

A ce jour, elles ont construit 264 maisons (114 dans la banlieue de Paris, et 150 en province, Algérie comprise) d'une valeur totale de 2.393.000 francs environ, soit en moyenne 9.000 francs par maison. Cela est peu, sans doute, si l'on considère que ces résultats ont été obtenus pendant les deux premières années.

Dans ces conditions, les actionnaires de la Foncière, après quatre ans, ne touchent encore que 3,50 % de dividende, ils n'ont donc pas atteint la limite de 4 % fixée par l'État pour les œuvres de philanthropie et de ce chef, n'ont pas le droit de se placer au nombre des Sociétés qu'on accuse de dissimuler une affaire sous le masque philanthropique.

Leur ambition est cependant d'y arriver, car le jour où ils toucheront un dividende double, soit 7 %, le chiffre annuel des constructions aura quadruplé et atteindra deux millions. Il faudra encore des années pour obtenir ce résultat, mais les Sociétés dont nous parlons y arriveront, et ce ne sera que justice, car elles pourront alors récompenser leurs actionnaires de leur confiance dans la parfaite correction de leur gestion et aussi de leur concours financier à l'œuvre de progrès et de paix sociale entreprise par elles.

Il ne faut pas, en effet, perdre de vue que la construction de maisons à tempérament est une opération à long terme.

Pour des contrats de vingt ans, ce n'est qu'après dix ans que les bénéfices de la capitalisation deviennent sensibles ;

il est vrai qu'ils croissent ensuite rapidement jusqu'à la vingtième année, et peuvent dès lors non seulement amortir promptement les avances de fonds considérables faites pour la construction, mais encore les rémunérer équitablement.

C'est ce qui a été si bien compris en Angleterre et en Amérique par les capitalistes, et en Belgique par les Caisses d'Épargne.

Si elle est longue, l'opération du moins ne comporte pas d'aléa ; c'est un placement foncier sur première hypothèque et qui devrait, par conséquent, être classé au rang des valeurs de tout repos.

Il n'en diffère qu'en ce sens que son rapport n'est pas immédiat et se fait attendre un certain temps ; en revanche, il est plus rémunérateur. Ce sont, en un mot, des valeurs de portefeuille et non des valeurs d'agio.

Dans le cas particulier de la Société Foncière, la solidité de ce placement est indiscutable, aussi bien pour les obligations que pour les actions.

Les capitaux, sont en effet, garantis non seulement par les constructions auxquelles ils sont employés, mais encore par le quart versé d'avance et en plus par la valeur du terrain, laquelle est généralement d'un second quart au minimum. Le gage atteint donc au bas mot une fois et demie le montant des débours, et ce gage est un gage foncier. Où trouver plus de sécurité pour les capitaux sages et prudents ?

Observons encore que les obligations 4 %, aux gages ci-dessus joignent de plus celui que leur donne la loi sur le capital-actions.

Quand les actions de la Foncière, rapportant aujourd'hui, 3,50 % feront 6 et 7 %, ce qui arrivera dans quatre ou cinq ans, elles s'enlèveront et on n'en trouvera plus, car son intention formelle est de ne pas pousser son capital-actions au-delà des deux millions émis. Ce jour-là aussi, on se disputera ses obligations dont le rendement de 4 % prendra toute sa valeur du fait de celle acquise par les actions.

A ce moment, les deux Sociétés, par

le jeu ininterrompu de leur capitalisation d'amortissements mettront sur pied un minimum annuel de trois à quatre millions de francs d'habitations et de petits biens de famille.

On ne peut que regretter en présence de ces résultats dûs à l'initiative privée, que l'État français n'offre pas aux Sociétés d'habitations les mêmes avantages qu'elles trouvent en Belgique par exemple.

Les avances directes aux Sociétés d'habitations, comme en Belgique, seraient bien plus simples et surtout moins onéreuses que le projet si péniblement élaboré par nos législateurs et qui, même de leur avis, est absolument insuffisant.

Que fera en effet de vos 1.200 francs le chef de famille qui veut avoir une maison ? Il ne pourra que les déposer dans une Société comme la Société d'Épargne des Retraites, à l'effet d'y constituer le quart qu'elle demande pour lui bâtir ladite maison. Au lieu d'une opération, il en aura deux à faire, une première avec vos Sociétés immobilières de crédit pour les 1.200 francs que vous lui avancez et une seconde avec une Société d'habitations pour les quatre ou cinq mille francs qu'il y aura lieu d'ajouter pour avoir sa maison.

Et si au lieu des 1.200 francs, vous lui donnez un hectare de terrain, ne lui faudra-t-il pas encore et toujours venir à cette même Société et lui donner son terrain en garantie pour avoir la maison, le le bétail et les outils nécessaires à la mise en culture dudit hectare ?

Il faut toujours en revenir à l'axiome : « L'étatisme est une cause de paralysie. »

Le rôle de l'État est de faciliter, non d'entraver. Quand il prête, il doit le faire sans conditions : « Donner d'une main et retenir de l'autre ne vaut ».

Son unique préoccupation doit être la sécurité de ses avances, son devoir étant de bien administrer.

Quel meilleur gage trouverait-il que les ouvertures de crédit hypothécaires de la Société Foncière ou les obligations qu'elle a gagées sur ces mêmes titres ?

A l'heure qu'il est, cette Société a pour plus de deux millions de ces hypothèques en portefeuille, qui ne s'amortissent que dans l'espace de vingt années ; mais si les Caisses d'épargne de l'État comprenaient leur intérêt, elles prendraient ces valeurs en compte courant, permettant ainsi à l'entreprise de renouveler incessamment son portefeuille et d'en faire état pour de nouvelles constructions au moins trois fois dans l'année.

Cette opération serait sans aléa, puisque, aussi longtemps qu'elle durerait, son gage, sans cesse renouvelé par les hypothèques nouvelles remplaçant celles éteintes du fait des encaissements, gardera sans variation la valeur d'une fois et demie le montant des avances, comme nous l'avons expliqué plus haut.

·Elle serait aussi rémunératrice puisque ce gage lui rapporterait 4 %, au lieu de 3 1/2 %, taux de capitalisation de ses Caisses d'épargne ; il y trouverait surtout un réel bénéfice de 2 %, sur les opérations que la loi de 1908 vient de prescrire avec les Sociétés régionales de crédit immobilier auxquelles il consent des avances à 2 % ce qui le laisse à découvert de 1 1/2 %.

Le prêt direct aux Sociétés d'habitations est donc à la fois plus simple et plus avantageux.

Il en résulterait un bénéfice au lieu d'un découvert, et pour ce qui est du concours utile qu'a cherché le législateur, il serait certes plus efficace.

Les deux modes d'avances peuvent se juxtaposer, d'ailleurs.

Ceci dit, bien entendu, pour les Sociétés d'habitations qui ont besoin d'être aidées. Quant à la Société d'Épargne des Retraites et à la Société Foncière, sa filiale, elles ne demandent rien à l'État, sinon de justes lois pour protéger la propriété qu'elles constituent pour le pauvre.

Mais revenons sans nous lasser sur l'utilité de ne pas limiter le rendement d'une œuvre même philanthropique, et à ce sujet, citons encore le distingué M. Cheysson :

« Sacrifier le revenu, dit l'éminent économiste, c'est prendre le caractère d'une œuvre de bienfaisance, aussi humiliant pour la clientèle que peu attractif pour les placements de capitaux. »

C'est là un point de vue tout spécial, et d'une haute moralité, que nous n'avons pas encore abordé et sur lequel M. Cheysson a raison d'insister. Puisque nous avons proscrit la charité, puisque nous n'acceptons plus que la solidarité, il faut, pour rester logique, que cette solidarité passe du verbe à l'action et ne reste pas lettre morte. Sans cela, elle donnerait droit de regretter la charité qui sut être efficace, au temps où elle avait cours.

Certes, la solidarité relèvera l'homme, mais quel meilleur moyen d'y parvenir que de le faire propriétaire de son foyer ? Rien, soyons-en surs, ne lui inspirera une plus juste fierté et rien non plus ne lui sera une plus puissante égide contre l'alcoolisme et les fausses doctrines sociales.

M. Cheysson dit encore :

« On ne peut espérer l'extension du mouvement des habitations à bon marché qu'avec le concours des capitaux. C'est le système anglais en matière d'initiative sociale, et il est bon. »

Il faut à un peuple libre des lois larges et libérales, sans conditions ni restrictions, à peine applicables pour des enfants ou des esclaves. Quand on veut qu'un arbre porte des fruits, il ne faut pas entraver son développement.

Nous ne pouvons donc que souhaiter de voir la Société d'Épargne des Retraites et sa filiale la Société Foncière d'Habitations Salubres, Urbaines et Rurales, se développer dans les conditions que nous venons d'indiquer, et avec elles, toutes les autres Sociétés similaires qui visent le même objet.

Pour ce qui est de celles qui se laissent aller à prendre vis à vis de leurs adhérents des engagements fatalement irréalisables, en leur promettant la construction immédiate des maisons, nous ne pouvons que déplorer leurs agissements qui tendent à jeter la défaveur et la suspicion du public sur une œuvre recommandable à tous égards.

Une Société qui se respecte ne fait pas de promesses fallacieuses et ne s'engage qu'au prorata de ses disponibilités ; elle y perd les clients qui ne veulent pas attendre, mais elle y gagne au bon renom de rectitude et de loyauté qui doit être son premier souci.

C'est ainsi que procèdent, comme nous l'avons vu, la Société d'Épargne des Retraites et sa filiale, la Société Foncière d'Habitations Salubres, Urbaines et Rurales.

Nous terminons ici cette étude sommaire, dont la seule prétention est d'avoir tracé, dans ses grandes lignes, un programme d'évolution sociale nécessaire de la propriété. Appliqué dans son intégralité par des hommes politiques convaincus, il peut ouvrir toutes grandes les portes à l'apaisement social, au repeuplement des campagnes, à la marche ascendante de la France dans les voies du progrès et de la prospérité.

C'est ainsi que pourront se renouer les glorieuses traditions de notre race, et que nous retrouverons pacifiquement notre rang à la tête des nations, par l'expansion de doctrines sagement libérales.

Loin de nous, l'outrecuidante pensée de créer, de toutes pièces, un état social parfait.

Nous indiquons simplement un terrain

d'entente et d'union, où nous croyons que peut se conclure l'association raisonnée, dans des conditions équitables des trois facteurs essentiels de la production :

Capital (outil) ;

Travail intellectuel (direction) ;

Travail manuel (main-d'œuvre).

Isolés, ils ne peuvent que se combattre et ne produiront que des ruines. Étroitement groupés dans la mutuelle sanction de leurs droits égaux, ils donnent un effort d'ensemble dont on peut tout attendre.

Est-ce à dire qu'on ne peut atteindre ce but sans révolution ou coup d'État ? Nullement, on n'y arrivera au contraire que par une lente évolution librement consentie et que tous ont intérêt à favoriser. Que peut souhaiter de plus le quatrième État puisque nous irons au-devant des ses revendications ? Que peuvent demander de mieux le capital et le tiers État, puisqu'en échange d'une part équitable de la fortune publique faite aux deshérités, ils recevront une véritable prime d'assurance pour la sécurité de leurs

biens. Au lieu de s'appauvrir de la part
justement faite au travail, ils seront mieux
partagés avec celle qui leur restera, car
elle sera singulièrement bonifiée du fait
de la prospérité qu'engendrera l'union.

L'intérêt de tous est donc là et chacun
y trouvera son intérêt particulier sans
autre limite à ses droits que les droits de
tous.

C'est ainsi qu'à l'époque où nous
sommes, les gens sages et sensés com-
prendront l'égalité, la seule vraie, la seule
possible et qui ne ressemble guère à cette
ridicule utopie de partage des biens et de
communisme, qui est une arme de haine
et de destruction entre les mains de vul-
gaires ambitieux.

Le moyen, me direz-vous, de cette évolution merveilleuse d'où sortira la Société
de rêve que vous attendez du foyer familial équitablement affranchi ?

Ce moyen, il est simple et il est un.

La liberté !

De toutes les libertés ! !

dans la limite des droits de tous et de
chacun.

Pour conclure, en conformité de nos prémisses, constatons qu'à peine à l'aurore de sa quatrième phase, la propriété est déjà guettée chez nous par la cinquième phase qui clôt le cycle et la ramène à l'âge de pierre, soit à la ruine définitive. Or, sans propriété, pas de famille, et sans famille, pas de Société. Il s'agit donc pour nous d'être ou de ne plus être ; il faut choisir.

APPENDICE

(A intercaler entre les chapitres III et IV.)

8

Voies et Moyens de Repopulation

Nous ne saurions trop le répéter, la repopulation ne s'obtiendra que par le retour à la terre.

Le mouvement à créer est le contrepied absolu du mouvement existant.

Dans le chapitre précédent, nous avons essayé d'expliquer les causes de la désertion des campagnes ; dans celui-ci, nous essayerons d'indiquer les voies et moyens de leur repeuplement.

La tâche est difficile ; elle n'est pas impossible, si la bonne volonté de quelques-uns arrive à convaincre et à décider la bonne volonté de tous.

Il sera nécessaire aussi que l'effort individuel soit secondé par l'État dont l'action, étant donné notre caractère, peut beaucoup pour le bien, comme pour le mal.

Nous ne nous faisons pas d'illusion sur l'efficacité de ce concours et même sur le bon vouloir que nous pouvons attendre d'un gouvernement impersonnel, et par conséquent irresponsable.

Dans ces conditions, les tendances de l'État sont fatalement collectivistes ; or, le collectivisme est la suprême expression de la tyrannie anonyme.

Voilà qui peut expliquer pourquoi on semble s'appliquer à détacher le soldat de l'armée, en même temps que le cultivateur de son champ.

« Cela n'empêche pas de perfectionner
« les écoles d'Agriculture, d'où sortent,
« tous les jours plus nombreux, des pro-
« fesseurs diplômés, fonctionnaires bien
« rétribués, qui se répandent dans les
« campagnes, pour y augmenter le nom-
« bre des Agents électoraux.

« Leur véritable rôle est d'étudier de
« près la propriété, de se rendre compte
« de ce qu'on peut en tirer, de se prépa-
« rer à en devenir les liquidateurs et les
« fermiers pour le compte de l'état col-
« ectiviste (Talmeyr). »

Simultanément, on n'épargne rien pour dégoûter le paysan de la terre, pour cultiver sa sotte ambition de faire de ses fils des budgétivores, pour décourager le propriétaire rural, dont la situation devient intenable, grâce aux tracasseries administratives.

Ces quelques considérations suffiront à nous prouver que c'est surtout l'action de l'État qui doit être le contre-pied de ce qu'elle est pour atteindre au but que nous visons.

Ceci posé, la repopulation exige, avons-nous dit, deux réformes essentielles :

La réforme morale.

La réforme législative.

De la première, nous ne dirons que peu de mots, ne voulant pas agiter la question de religion et encore moins faire de la politique.

Il ne faut pas méconnaître, cependant, que toute moralité émane d'une idée religieuse ; celle des sages de la Grèce entrevoit, à travers les fantaisies du paganisme, l'existence d'un seul Dieu.

Elle le proclame par la voix de Platon,

dont la philosophie fut la plus haute expression de l'idéal antique..

Partout, dans le monde, nous voyons
les lois morales se baser sur des principes religieux et c'est pour cela qu'elles va-
rient avec les cultes, alors que la morale
supérieure, qui vient de Dieu, reste pure
dans son unité.

Pour toute l'humanité, " le bien est le
bien " et " le mal est le mal " dans le sens
absolu des mots.

Dans leur sens relatif, il n'en est plus
ainsi ; la morale du Musulman n'est pas
celle du Bouddhiste qui n'est pas à son
tour celle du Fétichiste, et toutes s'écar-
tent plus ou moins de la morale chrétienne, sauf quelques grands principes
généraux qu'on retrouve partout et toujours.

De toutes ces morales, cependant, il
faut avouer, si l'on veut juger avec équité
et sans parti pris, que la plus belle, la
plus pure, la plus humaine surtout, est la
morale du Christ. De là, il faut bien conclure que sa religion est la meilleure,
celle qui se rapproche le plus de la per-

fection et de la morale pure, c'est-à-dire de l'absolu, autrement dit, de Dieu.

Comment nier cette vérité si l'on considère que, bien avant les philosophes révolutionnaires, la religion chrétienne a proclamé les grands principes de liberté, d'égalité et de fraternité ? N'est-ce-pas à elle que nous devons l'abolition de l'esclavage, cet immense progrès des temps modernes sur l'antiquité ?

On s'explique mal, en présence de cette évidente supériorité de la morale chrétienne, que seul, entre toutes les religions, le catholicisme soit atteint de cette double tare de l'indifférence en matière de culte et du respect humain.

Le Musulman, le Bouddhiste, le Fétichiste lui-même, arborent fièrement les symboles et les pratiques extérieures de leur culte ; seul le catholique semble en avoir honte et les cacher.

C'est à cette singulière maladie qu'il faut attribuer chez nous l'affaiblissement de la foi.

On se trompe grossièrement, cependant, en s'imaginant que l'esprit religieux est tout à fait perdu. Notre foi est malade, elle n'est pas morte ; il suffira peut-être d'une ère de persécution pour la revivifier : nous en avons de fréquents exemples dans l'histoire de l'Église.

Or, le jour où la foi renaîtrait, la réforme morale serait bien près.

Passons à la réforme législative.

Nous serons moins concis sur ce côté pratique de la question sociale qui nous occupe. S'il est inutile d'ergoter sur la morale et la foi, qui sont du domaine de Dieu, et nous échappent, parce que trop hautes, nous devons serrer de près, au contraire, les réformes administratives qui peuvent favoriser la repopulation.

Autant que possible, nous resterons sur le terrain social, mais il cotoie de si près le terrain politique, qu'il le pénètre quoi qu'on en aie.

Nous préférons donc affirmer, avant d'entrer en matière, qu'en fait de politique, nous ne connaissons que celle qui fait la France glorieuse et puissante au dehors, prospère et heureuse à l'intérieur.

Des formes de gouvernement, nous

nous désintéresserons absolument et nous donnerions certes la préférence à la République s'il n'était prouvé que son fonctionnement, si beau en théorie, est une utopie dans la pratique.

Notre Président, M. Fallières, visite en ce moment la Norvège, où cette vérité a été bien comprise. Dans ce petit pays, il n'y a que des Républicains ; sous l'influence d'Ibsen, le plus républicain d'entre eux, les Norvégiens se sont cependant donné un Roi.

Ils sont très sagement convaincus qu'il faut au développement normal des principes républicains, c'est-à-dire démocratiques, l'égide pondératrice d'un roi respectueux des libertés de son peuple, parce qu'il est lui même respecté de ceux qui lui en ont donné la garde.

Ce faisant, la Norvège a démontré, une fois de plus, que la Monarchie peut être la meilleure des Républiques.

Ce que nous voyons en Angleterre ne diffère pas beaucoup, d'ailleurs, de ce qui existe en Norvège, bien que les mœurs et les esprits y soient moins démocratiques.

Dans l'une et l'autre nation, c'est le principe de liberté individuelle qui domine, à l'état d'un droit absolu qui ne se discute pas.

Que n'en est-il de même dans notre République ? La Liberté : Tout est là !

C'est dans le sain exercice des libertés nécessaires que l'homme peut grandir et s'élever à hauteur de la tâche qui lui est dévolue.

De ces libertés, la première c'est la liberté de conscience ; y toucher c'est attenter à la mentalité de l'homme, c'est porter une main impie sur sa personnalité morale.

Asservir l'âme, quand il a fallu tant de siècles pour libérer le corps, c'est une monstruosité qui ne se comprend pas. Et cela se fait journellement comme une chose toute naturelle ; que dis-je ? comme une œuvre d'émancipation et de progrès. Il y a tant d'aberration dans ces agissements sacrilèges, qu'on est tenté d'y voir une véritable maladie de l'esprit humain.

Opprimer la conscience au nom de la liberté est un odieux contre-sens qui défie

toute logique et toute raison. Les inconscients qui s'acharnent à cet odieux travail de destruction et se sont donné pour
but de subtituer la matière à l'idéal, de
nous ravir la foi dans l'au-delà, déchaî-
nent autour d'eux toutes les passions hu-
maines dont le torrent les engloutira, et
avec eux, la Société.

S'ils voulaient cependant réfléchir un
peu, ces libertaires « *à rebours* », ils com-
prendraient que la liberté de l'individu a
pour limite la liberté d'autrui, que le droit
de chacun s'arrête au droit de tous ; cela
interdit toute invasion dans le domaine
de la conscience.

Leur grand argument est que l'Église
est une école d'obscurantisme, ennemie
de tout progrès et de toute liberté. —
L'histoire nous prouve exactement le contraire et la doctrine chrétienne a posé,
même contre elle-même, le grand principe de « libre arbitre » qui est une ré-
ponse irréfutable à ces affirmations.

Pour être équitable, il faut reconnaître
qu'on a pu souvent reprocher à l'Église
des tendances à la domination. — Cela a

été le fait de prêtres ambitieux qui, de tous temps, furent les pires ennemis de la religion et que déjà Saint-Louis condamnait pour simonie et abus de pouvoir.

A ce point de vue, on ne saurait qu'approuver la séparation des Églises et de l'État si elle se poursuivait avec justice et dignité. Le domaine spirituel n'a rien à faire avec le domaine temporel.

Encore, faudrait-il que séparation ne fut pas spoliation et destruction.

« *Le culte libre dans l'État libre* » telle devait être la formule de la séparation.

Nous en sommes bien loin. La liberté du culte est confisquée de ce fait même qu'on en a confisqué l'instrument, à savoir les locaux dans lesquels il s'exerce.

Ceci nous ramène à la question de propriété dont nous étions moins loin qu'il ne semble.

Les Églises et la grande majorité des établissements religieux ont été bâtis et donnés par les fidèles « pour l'exercice du Culte ».

Bien rares sont ceux à l'édification ou à l'achat desquels ont contribué les Communes ou l'État.

Cela ne s'est vu que pendant le Concordat en vertu duquel le Gouvernement a pris charge de leur entretien en même temps que de la rétribution des Ministres du Culte à titre d'indemnité, pour la spoliation des biens de l'Église pendant la Révolution.

Ce régime concordataire, œuvre de Napoléon, fut néfaste à la religion. Il a mis le Culte sous la férule de l'État, soumis le spirituel au temporel, en faisant du prêtre un fonctionnaire.

Il n'y aurait donc qu'à se féliciter de voir l'Église rendue à l'indépendance qui lui est nécessaire, si précisément cette indépendance n'était pas si précaire.

L'État, qui ne connaît plus l'Église pour lui prêter appui, ne l'ignore jamais quand il s'agit de lui nuire et d'entraver son fonctionnement.

La main mise sur les édifices religieux, de la propriété desquels le droit et l'équité les plus élémentaires exigeaient que

l'Église fût investie, à titre de personnalité civile, est un obstacle permanent au
libre exercice du Culte. L'ingérence tra-
cassière des autorités paralyse l'initiative
généreuse et les efforts des fidèles qui ne
demandent qu'à pourvoir aux exigences
matérielles de leur Culte.

Il était si simple, si facile, en même
temps que si juste, de laisser à l'Église
non seulement l'usage précaire, comme
on l'a fait, mais la propriété de ces édifices et des fondations dont nos ancêtres
l'avaient dotée.

La religion, plus digne, plus respectée
dès lors parce que plus indépendante,
pourrait se dévouer efficacement à la
réforme morale si nécessaire à l'œuvre
de la repopulation. — Non seulement,
en effet, la morale évangélique condamne
les doctrines et les pratiques du Malthusianisme, mais encore prêche et ordonne
la prolification.

La question de l'enseignement se rattache de si près à celle de la liberté de
conscience, qu'il suffirait de la men-
tionner.

Il faut cependant bien constater que, depuis vingt-cinq ans, l'école sans Dieu nous a fait ces belles générations d'apaches qui n'attendent plus l'émancipation pour se faire souteneurs, cambrioleurs et surineurs.

A quinze ans, le jeune voyou qui se respecte doit avoir fait ses preuves, pris ses grades dans l'armée du crime, et se tient pour déshonoré, s'il n'a pas dégringolé son pante.

Il serait puéril de s'étonner de cet état de choses, si l'on considère l'étrange moralité de l'école primaire, où s'enseignent couramment la pornographie et l'antimilitarisme, où les maximes matérialistes ont remplacé la vieille doctrine chrétienne des responsabilités de l'au-delà.

Si vous tuez l'idéal et la foi dans l'âme de l'enfant, que pouvez-vous attendre de l'homme qu'il sera plus tard ? Si vous lui enseignez le mépris de la justice divine, si vous déchaînez toutes ses passions, que pourra votre justice humaine pour les réfréner ?

« *Maxima debetur puero reverentia.* »

Voilà une maxime qui n'a plus cours dans l'école moderne. On ne saurait trop le regretter car la corruption de l'enfant est le plus odieux, en même temps que le plus funeste des crimes moraux contre la famille et contre la Société.

Tout récemment, des pères de famille ont protesté contre l'œuvre malsaine de l'école et ont voulu l'attaquer devant les Tribunaux. — Bien vite, on a déposé un projet de loi leur enlevant tout recours contre le maître d'école, déclaré irresponsable, pour ne leur laisser qu'une action aussi ridicule qu'illusoire contre l'État. Quelle sanction peut-on attendre d'une semblable procédure ?

En couvrant ainsi l'instituteur, l'université ne fait que suivre ses traditions qui, de tous temps, et déjà au moyen-âge, pendant la guerre de cent ans, se sont affirmées irréligieuses et antipatriotiques ; aujourd'hui elles sont, de plus, essentiellement antimilitaristes.

Les promoteurs de cette loi savent bien qu'elle constitue le plus révoltant attentat aux droits sacrés du père de famille ;

cela ne les arrête pas, ce n'est qu'un pas de plus en avant dans l'exécution de leur programme. Ils confisquent aujourd'hui l'esprit de l'enfant, bientôt ils confisqueront l'enfant lui-même ; ce jour-là, la famille aura vécu, et avec elle la Société.

Il ne restera que l'Etat, pesant sur l'individu de toute la tyrannie intangible de son anonymat.

Ce sera le collectivisme.

Les conclusions de cette argumentation s'imposent à ceux qui comme nous, rêvent le réveil de l'énergie française et par elle la repopulation. Ici, encore ce qu'il y a à faire est le contre-pied exact de ce qui se fait.

Il faut consolider les bases de la Société au lieu de les miner ; il faut protéger et encourager la famille au lieu de la saper dans ses fondements ; il faut respecter les droits du père, les multiplier même ; ils ne seront jamais trop nombreux ni trop puissants.

Parmi ceux que nous ambitionnons pour lui, en vue du but que nous poursuivons, nous mentionnerons le droit de

tester, qui affirmera son autorité, et celui
de se voir attribuer, dans le suffrage uni-
versel, un nombre de voix égal à celui
de ses enfants mineurs des deux sexes. Il
en résulterait un très grand bien, tant au
au point de vue de la repopulation qu'à
celui du suffrage lui-même.

Il ne faudrait pas penser qu'en stigma-
tisant l'école sans Dieu, nous ayons voulu
imputer à l'instituteur seul le mal qu'elle
a fait. Ce serait injuste, les responsabilités sont bien au-dessus du maître d'école,
lequel, le plus souvent, n'est qu'une dupe
lui-même et la première victime de sa
néfaste doctrine.

Voici plus de vingt ans, que Jules
Ferry, « l'homme des décrets », a confié
à des huguenots sectaires la réforme et la
direction de l'enseignement ; c'est à lui
que remonte la première responsabilité
de cet empoisonnement moral systéma-
tique dont le virus passe du cerveau des
maîtres à celui des élèves. — L'anarchie
d'en bas vient de l'anarchie d'en haut.

L'instituteur enseigne ce qu'on lui a
appris ; il ne saurait enseigner autre

chose ; il est inconscient du mal qu'il fait et c'est ce qui le rend plus dangereux.

Il n'a pas trouvé tout seul les doctrines antisociales, antipatriotiques, antimilitaristes, irréligieuses, et parfois immorales qui constituent son bagage scientifique ; il les tient de ses professeurs dont les haineuses ambitions ont faussé son intelligence.

Jules Ferry, s'il vivait encore, serait effrayé lui-même de l'immonde germination de l'ivraie qu'il a semée. — Il eut mérité de mourir sous le surin des apaches de quinze ans que produit l'école laïque obligatoire dont il est le fondateur.

Faut-il ajouter que son œuvre néfaste nous a coûté des milliards, et plus que doublé nos budgets d'instruction publique et d'assistance ?

Il a fallu des palais pour loger la « libre pensée » ainsi nommée sans doute, par antiphrase, puisqu'elle interdit de croire et de pratiquer ; il a fallu et il faut tous les jours des millions pour la laïcisation de nos services hospitaliers.

S'il nous en a coûté cher pour extirper

la foi de nos cœurs et le Christ du chevet
des mourants, peu importe ! le vieillard
sait, à ce prix, que l'espoir dans l'au-delà
n'est que fumisterie et grossière supersti-
tion ; l'enfant sait que l'âme immortelle
ira pourrir dans le fumier à côté du dra-
peau ; pouvait-on payer trop cher ses
conquêtes intellectuelles qui font que l'un
meurt en désespéré, et que l'autre vit
en jouisseur quand ce n'est pas en cri-
minel. ?

Pour nous, qui ne nous targuons pas de
« libre pensée », nous regrettons les
libertés essentielles qu'on nous a confis-
quées, nous ne cesserons de protester et
proclamer notre droit à la liberté de conscience et à la liberté de l'enseignement
qui n'en est que le corollaire.

Par contre, nous réclamons, non moins
énergiquement, la répression des licences
que, sous couleur de liberté de presse,
se permettent aujourd'hui certains jour-
naux et certains livres.

Il ne faut plus que la pornographie
garde droit de cité et s'étale impudem-
ment dans les kiosques et vitrines, com-

mentant et aggravant par l'image, l'immoralité du texte.

Il ne faut plus qu'une certaine presse vive impunément de chantage. Il faut traquer les maîtres-chanteurs grands ou petits dans leurs repaires. Il faut enfin assainir les réclames et les annonces si souvent entachées d'immoralité.

La presse est devenue le pain quotidien du peuple, dans les campagnes comme dans les villes ; il ne faut plus que ce pain soit un poison pour l'esprit. Du moment qu'elle devient dangereuse pour la moralité publique, la liberté de la presse cesse d'être une liberté pour devenir de la licence ; le droit et le devoir du législateur sont de la réprimer.

Cette répression serait malheureusement mal comprise dans un temps où l'on impose dans l'école des manuels comme « le catéchisme républicain » et dans les casernes un livre comme la *Jeanne d'Arc*, d'Anatole France, lequel ne s'est jamais appelé France et s'est appliqué, dans l'ouvrage en question, à flétrir la plus pure de nos gloires.

Quand on se plaît à répandre l'ordure on serait mal venu à prendre un balai.

Mais c'est assez nous étendre sur ces tristes ulcères ; n'oublions pas que notre but est moins de signaler le mal que d'y porter remède, et passons aux autres réformes que nous avons à réclamer.

Nous commencerons par la réforme de la loi de recrutement.

Le service obligatoire a été adopté par nous le lendemain de nos désastres de 1870.

On n'a pas voulu voir que notre esprit national se prête mal à cette militarisation à outrance ; les nécessités de la défense ont parlé plus haut que tout.

Sous le régime de la loi de 1872, avec les deuxièmes portions du contingent, l'obligation n'a existé que de nom et n'était qu'une fiction. — On ne pouvait, avec le service de cinq ans, appeler les cinq classes à la fois sous les drapeaux. — Les exigences du budget et de notre économie sociale ne le permettaient pas.

Il a donc fallu en venir au service de trois ans et au recrutement régional, qui

avait été écarté pour des motifs purement
politiques et d'ailleurs mal fondés. Ce
nouveau régime reste entaché du double
vice des deuxièmes portions et du volon-
tariat dont il a été fait justice dans la loi
actuelle qui fixe le service à deux ans.

Vous verrez qu'on ne s'en tiendra pas
là et qu'on le réduira à un an tôt ou tard.
Quand on en sera là, on comprendra que
sur ces douze mois, les six mois de mau-
vaise saison passés dans les casernes sont
absolument perdus pour l'instruction militaire qui ne se fait en réalité que pendant les six autres mois, dans les camps.

On en viendra alors à ce que nous
avons conseillé jadis en 1872, et formellement réclamé en 1882 dans notre étude
sur les « questions militaires à l'ordre du
jour » à savoir au service de six mois.

La routine objecte qu'on ne peut faire
un soldat en trois ans, encore moins en
deux ans, à fortiori en six mois. Cela est
vrai pour le soldat de métier, mais ne
l'est plus pour le citoyen armé en vue de la
défense du territoire. D'ailleurs, cette opinion s'inspire trop des errements du passé.

La guerre actuelle, en Europe, n'est plus ce qu'elle était il y a cinquante ans ; elle est devenue une science presque mathématique dans laquelle le soldat n'a plus de rôle personnel ; la grande portée des armes a mis fin aux engagements corps à corps, si fréquents dans l'ancienne école.

Dès lors, les qualités techniques ne sont plus nécessaires au soldat qui ne vaut que par le nombre et n'est qu'un pion passif de l'échiquier.

Savoir marcher et tirer, c'est tout ce qu'on doit lui demander, le reste est affaire aux cadres.

Pour ce rôle, six mois d'entraînement suffiront, si le soldat a assez de patriotisme pour être solide, assez de confiance dans ses chefs pour être discipliné. — L'éducation technique très restreinte dont il a besoin sera facile et prompte si elle est donnée par de bons cadres dans les camps et non dans les casernes.

Nous avons fait l'expérience que la caserne est une déplorable école de démoralisation et d'indiscipline. Dans l'oisiveté forcée des longs hivers, la naïveté bonasse de l'esprit rural y est trop souvent victime des gouailleries des fortes têtes citadines.

Ajoutons à cela l'action délétère de l'atmosphère morale des villes et nous comprendrons pourquoi le soldat retourne si rarement à son champ, une fois libéré.

L'instruction militaire donnée dans les camps, pendant la belle saison, n'aurait pas ces graves défauts et ne détournerait pas les jeunes soldats de la terre.

Quand nous parlons de six mois pour cette instruction, nous n'entendons pas dire qu'il faudrait libérer, sans conditions, tous les jeunes gens de la classe, sans s'inquiéter de leur conduite ou de leur degré d'éducation technique. — Ce serait absurde au point de vue de l'homogénéité de l'instruction militaire de la nation et inique au point de vue des droits individuels des jeunes soldats.

Dans notre système, ceux-ci ne seraient rendus à leur foyer qu'après avoir satisfait aux exigences d'un examen pratique spécial, passé dans les régiments, et dans lequel la cote de conduite aurait le plus fort coefficient.

Pour le tir, il serait exigé un certain nombre de balles mises dans la cible au cours des tirs individuels ; pour la marche, on se baserait sur les résultats d'endurance obtenus dans trois ou quatre marches manœuvres. Pour la discipline, le livret de punitions ferait foi ; sauf exception, toute punition de prison pour cas d'indiscipline entraînerait le refus du certificat d'aptitude sans lequel le jeune soldat serait astreint à une nouvelle période de six mois l'année suivante et ainsi de suite jusqu'à obtention dudit certificat.

Les ajournements pour inconduite après le troisième rappel, seraient soumis à un conseil d'enquête pouvant prononcer l'envoi aux compagnies de discipline.

Qui ne voit l'émulation qui naîtrait d'une semblable méthode et ses heureux résultats pour l'éducation militaire de la nation et le repeuplement des campagnes ?

Que deviennent dans ce système dirat-on, le service des places et le rôle de l'armée pour le maintien de l'ordre intérieur en temps de paix ?

Nous ne craignons pas de répondre énergiquement que l'Armée *nationale* n'a rien à voir avec ces divers services, n'ayant d'autre but et d'autre raison d'être que la défense du territoire.

Pour ce qui est de la police intérieure des villes et des campagnes, il appartient à l'État et aux municipalités de l'assurer par des agents spéciaux.

Le rôle actuel de nos soldats dans la répression des troubles et des grèves est une erreur capitale qui nous conduit fatalement à la *crosse en l'air.*

Encore quelques années, quelques jours peut-être et elle nous mènera à la radicale destruction de l'armée et de notre nationalité.

Les armes spéciales prétendront qu'on ne fait ni un cavalier ni un artilleur en six mois.

Pour ce qui est de l'artilleur, cela est absolument faux. Le rôle de l'artilleur est moins difficile et moins compliqué que celui de fantassin, il se borne à la manœuvre de la pièce, dont l'emplacement et le pointage sont réservés aux cadres.

En ce qui concerne la cavalerie, il faudra la recruter parmi les gens de cheval qui sauront déjà monter en arrivant au Régiment. — Si ceux-là ne suffisent pas, on les complètera facilement par des engagements à longs termes en Afrique, où les fameux cavaliers numides de Jugurtha n'ont en rien dégénéré.

Passons maintenant aux cadres permanents, ossature essentielle de la force nationale ainsi recrutée ; ils comporteraient :

30.000 officiers.

60.000 sous-officiers.

60.000 caporaux.

150.000 vieux soldats.

En tout : 300.000 hommes qui suffiraient à encadrer utilement les trois millions de réservistes que nous pourrons appeler aux armes, si besoin est. — Ils constitueraient en outre une petite armée permanente destinée tant à couvrir notre

ontière qu'à agir à l'extérieur, pour les fr

besoins de notre politique étrangère, sans désorganiser la défense nationale, comme nous avons été acculés à le faire pour les expéditions de Tunisie, du Tonkin, de Madagascar.

Si nous avons évité de retomber dans la même faute pour les opérations actuelles du Maroc, c'est que cette fois, nous ne marchons plus avec l'assentiment, plus ou moins tacite, de l'Allemagne.

Découvrir la frontière est un crime, au même titre que tout ce qui peut affaiblir l'armée nationale moralement ou matériellement.

Les éléments de cette armée permanente existent en majeure partie ; il n'y aura qu'à les coordonner en vue du double but qu'ils auront à atteindre.

Notre corps d'officiers est à la hauteur de la tâche qui lui incombe, il est intelligent, instruit et généralement animé d'un grand souffle de patriotisme, en dépit des énervements d'une longue paix de près de quarante années, et des découragements suscités par les tristes errements de quelques arrivistes. — Qu'on le laisse se préparer en paix, et sans tracasseries ridicules, aux grands évènements que nous garde un avenir peut-être très prochain.

Pour les sous-officiers, il y a plus à faire. Il importe de relever cette partie essentielle des cadres insuffisante en qualité et en quantité. On y arrivera en rehaussant la condition actuelle du sous-officier. Il lui faut la propriété de son grade, un état du sous-officier analogue à celui de l'officier, une situation qui assure son autorité en même temps que la dignité de sa vie matérielle. Dans ces conditions, il pourra borner sa légitime ambition à cette noble carrière qu'il déserte aujourd'hui pour les avantages aléatoires des emplois civils.

Loin de nous, la pensée, cependant, de lui interdire l'accès à l'épaulette, quand il se sera élevé au niveau moral qu'elle exige ; mais il faut comprendre et admettre que les temps légendaires ne sont plus où tout soldat avait dans sa giberne un bâton de maréchal ; aujourd'hui, la guerre est une science, et la seule bravoure ne suffit plus à faire des généraux.

Certes ! nous sommes partisans de l'unité d'origine pour nos cadres d'officiers, mais nous voudrions cette unité par en haut et non par en bas, ce qui semble la tendance actuelle.

Pour les caporaux et vieux soldats, l'insuffisance en quantité plus qu'en qualité est bien plus grande encore que pour les sous-officiers.

On y pourvoira plus facilement, toutefois, si l'on comprend la nécessité de faire de larges emprunts à nos indigènes coloniaux d'Afrique qui se lient volontiers au service pour dix, quinze ou vingt ans.

Nous trouverons là des éléments solides et éprouvés dont la valeur s'est affirmée en 1870 et s'affirme encore, au Maroc, à l'heure présente.

Notre système entraînerait une économie annuelle de 137 millions, dont une partie pourrait être affectée à l'amélioration de la situation des sous-officiers, qui sont la clef de voûte de l'édifice.

Au point de vue de la repopulation, qui dépend du retour à la terre, son efficacité ne peut être mise en doute. Le jeune soldat appelé pour six mois dans les camps au lieu de l'être pour deux ans, dans les villes, n'aurait pas le temps de se démoraliser et d'oublier son champ.

Après la réforme militaire, passons à la réforme économique.

Ici, la question est si délicate et si complexe que nous nous ferions scrupule de l'aborder si elle ne touchait d'aussi près à notre sujet.

Qu'est-ce, en effet, que le travail si non le plus sacré de nos droits, une véritable propriété et la plus sainte, la plus inattaquable, la moins discutable de toutes, puisque c'est la propriété du pauvre ?

Attenter à la liberté du travail est un crime, de quelque côté que vienne l'attentat.

Waldeck-Rousseau a dit : « Le droit d'un seul à travailler est aussi respectable que le droit de tous à faire grève ». Voilà une maxime dont font bon marché les fauteurs de désordres et d'anarchie. Ils méprisent en outre souverainement cette autre vérité fondamentale qui limite le droit de la grève, comme tout autre droit, au droit des tiers, à l'intérêt d'autrui, en même temps qu'à l'intérêt social de la collectivité.

Le respect de ces maximes devrait être le constant objectif des syndicats. — C'est exactement le contraire qui se produit, parce que les syndicats sont devenus des instruments politiques, par la faute de la loi de 1884 qui leur interdit de posséder.

De là est venu tout le mal.

En Angleterre, où les syndicats ouvriers ont le droit de posséder, ils emploient une bonne partie des ressources qui leur viennent de leur activité collective sous forme de cotisations, à devenir propriétaires au mieux des intérêts de tous et de chacun en particulier.

Si, depuis que cette loi de 1884 fonctionne chez nous, c'est-à-dire depuis vingt-quatre ans qu'elle régit les associations, elle eut accordé à celles-ci le droit de posséder et de capitaliser leur pécule au profit des participants, ceux-ci auraient amassé déjà d'importantes réserves.

Economiquement et sagement gérés, leurs capitaux pourraient être employés

9

à acheter des actions des Sociétés pour lesquelles ils travaillent ; dès lors, ayant tout intérêt à la prospérité d'une exploitation dans laquelle ils auraient leur part, ils y regarderaient de près avant de se mettre en grève.

L'interdiction de posséder a détourné le syndicalisme de son but économique qui en eût fait une force conservatrice d'évolution normale et pacifique, pour en faire un instrument de violence et de combat, une institution révolutionnaire.

Ne pouvant accéder régulièrement à la propriété, le prolétariat n'a plus ambitionné que sa confiscation. Dévié dès lors par les déclassés et les arrivistes bourgeois, avides de pouvoir, jeté dans la lutte des partis, bien souvent malgré lui, il est devenu la proie de faiseurs qui le leurrent et l'exploitent sans vergogne.

Les entrepreneurs de grève se soucient peu des besoins du peuple ; ils ne s'inquiètent pas si la faim est entrée au logis de leurs dupes, si les femmes et les enfants pleurent et crient misère.

Que leur importe, du moment qu'une

grève bien réussie leur fait une célébrité, une place dans le Parlement et plus tard au pouvoir ?

La Confédération générale du travail sera bientôt un état dans l'état ; en attendant qu'elle dépossède le régime actuel, pour se couler dans ses draps.

Autour d'elles gravitent ces étranges brigades où l'on trouve de tout, sauf des ouvriers ; elles s'essaiment partout où il y a menace de grève, pour chauffer les passions et entraver le travail, ne reculant devant aucune violence pour arriver à la désertion quand ce n'est pas au sabotage des chantiers et des usines.

Que devient dès lors la liberté de travail ? Que devient le contrat de louage qui, librement consenti, devrait être l'unique loi des parties ?

Partout et toujours, nous retrouvons l'attentat contre la liberté, au nom de la liberté ! Quelle étrange mentalité cela révèle !

En matière économique, comme en matière de conscience et d'instruction, c'est surtout la liberté qui nous manque.

Si cela continue, « la compression, la centralisation à outrance de la tyrannie jaco-
bine feront tout sauter » (Aulagnier).

Il n'y a plus à hésiter, il faut revenir
aux libertés nécessaires, il faut reconnaître
la faculté de posséder aux syndicats ouvriers et agricoles comme aux corporations. — Ce n'est qu'à ce prix que nous
arriverons à la pacification dans le domaine économique. Nous y trouverons
aussi la seule solution naturelle et pratique de la question des retraites ouvrières que l'État n'arrivera jamais à mettre
sur pied, tandis que pour une mutualité
bien gérée, le problème n'a rien de bien
difficile.

En même temps qu'elle pourvoira ainsi
à l'avenir des travailleurs, la qualité de
propriétaire imposera aux syndicats, vis-
à-vis des tiers, une responsabilité qui
n'existe pas en l'état actuel parce qu'elle
n'a pas de sanction. Elle n'en aura que
lorsque le syndicat, personnalité civile,
pourra être utilement actionné par toute
partie lésée.

Ce qui prouve bien l'excellence de cette

réforme c'est qu'à côté du droit, nous
trouvons le devoir, à côté de la liberté, la
responsabilité.

Il ne suffit pas, hâtons-nous de le décla-
rer, de reconnaître le droit de propriété
aux syndicats et corporations, il faut
aussi l'attribuer à l'individu. Le droit de
chacun est égal au droit de tous. — L'in-
dividualité a les mêmes titres à la propriété mobilière et immobilière que les
collectivités.

De la propriété immobilière, nous par-
lerons plus tard.

Sur l'accès à la propriété mobilière,
nous devons nous expliquer dans cette
étude d'économie sociale.

La propriété mobilière est de deux
sortes : financière et économique. La
première s'acquiert par l'épargne mise en
valeur directement par chacun, où, ce qui
est plus sûr et plus efficace, par les soins
d'une Société de capitalisation, comme la
Société d'Épargne des Retraites.

Nous avons déjà dit que le Français est
doué d'une faculté merveilleuse d'épargne,
nous n'avons donc pas à lui conseiller ici

ce qu'il fait de lui-même instinctivement. Tout au plus, nous lui recommandons de bien placer son argent et de se défier de la spéculation et des rendements trop exagérés pour n'être pas dangereux.

Pour ce qui est de la propriété mobilière, économique, fruit d'une exploitation quelconque, commerciale, industrielle ou même agricole, l'accès en est plus difficile et plus compliqué.

Dans toute opération de ce genre interviennent trois facteurs essentiels dont les droits sont très sensiblement égaux :

1° — Le capital rémunéré par un intérêt suffisant ;

2° — La Direction rémunérée par des émoluments équitables ;

3° — La main-d'œuvre rémunérée à l'heure, à la journée, voire au mois, ou à la tâche par une paye également suffisante et équitable.

Ceci posé, après prélèvement de tous les frais d'exploitation et des réserves statutaires, il reste dans toute exploitation sagement conduite, un bénéfice net qui, jusqu'à présent, à de rares exceptions près, n'a profité qu'au capital, généralement représenté par des actionnaires.

Il y a là une iniquité sur laquelle nous ne voulons pas insister puisque l'un des facteurs spolie les deux autres, dont les droits sont égaux aux siens.

Pour rentrer dans la vérité, il faudrait partager également les bénéfices nets entre les trois facteurs :

Un tiers au capital ;

Un tiers à la Direction ;

Un tiers à la main-d'œuvre.

Mentionnons en passant que l'iniquité dont nous venons de parler devient monstrueuse quand l'exploitation revêt la forme du monopole et fausse les cours par des accaparements que les lois de nos pères poursuivaient rigoureusement et qui se produisent librement depuis la révolution.

Ceci n'est pas à l'avantage de notre régime législatif moderne ; n'insistons pas.

Les défenseurs trop zélés du capital objectent que lui seul, court les risques et les aléas et que s'il y a perte au lieu de bénéfice, les deux autres facteurs *indemmes* ne viennent pas réclamer leur part du désastre dont ils sont trop souvent les auteurs.

A cette objection, nous répondrons que les désastres en question ne se produisent le plus souvent que dans les affaires véreuses, parfois fictives, dans lesquelles le capital trop avide s'est imprudemment engagé, sollicité par des promesses d'avantages, d'autant plus dangereux qu'ils sont plus éblouissants.

En ce cas, le capital porte la peine de son imprévoyance et de son avidité.

Il n'est même pas juste de prétendre, comme il le fait, que seul il supporte le mal, puisque les deux autres facteurs y perdent eux aussi, l'un son emploi, l'autre son travail et sont mis à pied tous les deux.

Faire à tous la part égale, c'est les intéresser également à la prospérité de la chose commune, et il faudra en venir là, si l'on ne veut pas perdre le tout pour avoir refusé un équitable partage.

Là, est tout le problème économique actuel et le quatrième état se chargera de lui donner une solution violente et radicale si le troisième état se refuse à l'évidente nécessité des justes concessions que nous lui demandons.

Dans le cas contraire, la Révolution rentrera dans l'évolution et nous n'aurons plus qu'à nous avancer, tous unis et d'accord, dans la voie du progrès.

N'oublions pas que, pour nous y guider, il nous faudra un gouvernement basé sur de strictes responsabilités, du haut en bas de l'échelle des fonctionnaires.

L'irresponsabilité dans le gouvernement, c'est l'anarchie dans l'ordre social, c'est la préface de la dictature, avant-coureur du collectivisme d'état, le pire de tous, parce qu'il est anonyme.

En somme :

Liberté de conscience !

Liberté d'enseignement !

Liberté de travail !

Voilà ce qu'il nous faut.

Des libertés ! Encore des libertés ! Toujours des libertés !

La liberté seule peut nous sauver.

Beaucoup traiteront de chimère impossible l'évolution que nous indiquons.

Pourquoi donc ?

Ne venons-nous pas de voir s'accomplir en vingt-quatre heures, en Turquie, avec une facilité, une simplicité déconcertante, une évolution autrement difficile ?

Maisons-Laffitte, mai 1908.

GRANDCLÉMENT.

TABLE DES MATIÈRES

TROISIÈME PARTIE

Initiative Privée

Appendice

ERRATA

Pages	Lignes	AU LIEU DE	LIRE
17	3	valeur minima	valeur maxima
29	16	se forment en milice	se forment en milices
96	2	des trois quart	des trois quarts
119	19	dans les innombrables réformes	quant aux innombrables réformes
165	22	une réserve pour l'outillage	une resserre pour l'outillage
185	16	dans la voie de la prospérité	dans la voie de prospérité
192	12	être capitalisé	est capitalisé
192	25	qu'il reprennent	qu'il reprenne

———

LISTE ALPHABÉTIQUE

Des noms contenus dans ce volume

www.ingramcontent.com/pod-product-compliance
Lightning Source LLC
Chambersburg PA
CBHW070803270326
41927CB00010B/2266